観光立国・日本

ポストコロナ時代の戦略

箱谷真司

光文社新書

はじめに――観光現場の挑戦と葛藤――

２０２２年7月上旬、大阪市の繁華街・ミナミ。

週末の昼過ぎにまちを歩くと、人気のたこ焼き店や串カツ店の前では10人以上が列をつくっていた。製菓会社・江崎グリコの名物看板（縦20メートル、横10メートル）の近くでは、若者らが写真を撮り合ったりかき氷を食べたりしていた。

劇場の前には「お笑いライブ、どうですか」と呼び込みをする女性の姿があった。「ツアー参加者の方、道の端に寄っていただいて良いでしょうか」。旅行会社の名前が書かれた旗を持ったスタッフは、数十人の日本人観光客を引き連れていた。アーケード商店街に入ると、２０２５年大阪・関西万博をＰＲする旗が目にとまった。

大阪・ミナミの人混み

「大阪に新しいエンターテイメントを」

まちを東西に流れる道頓堀川の川沿いには、そんな言葉を記した横断幕が並ぶ。カジノを含む統合型リゾート（ＩＲ）の誘致に名乗りを上げたＭＧＭリゾーツ・インターナショナル（米国）の日本法人が掲げたものだ。

「ウイルスの終息祈願」「ミナミの回復祈願」と書かれた提灯《ちょうちん》もつるされていた。

政府は1カ月前の6月上旬、観光目的のインバウンド（訪日外国人客）の受け入れを2年2カ月ぶりに再開した。許可したのは、旅行会社などが手配するパッケージツアー（添乗員付き）のみ。入国者数の制限もあるので外国人はまだ少ないが、まちは徐々ににぎわいを取り戻している。7月中旬から新型コロナウイルスの感染者数が急増し、大阪府は不要不急の外出を控えるよう高齢者に求めたが、全世代への一律の行動制限はなかった。万博に向けた準備やＩＲ誘致など、大阪の未来を左右するような動きも活発になっている。

　コロナの感染が広がる前、ミナミには中国や韓国などからの訪日客が殺到した。量販店で家電や化粧品を買い込む「爆買い」が社会現象になり、大企業の東京移転などで活力の低下が続いた大阪のまちに光が差した。

　だが、コロナ禍で状況は一変した。

　２０２０年に日本国内でもコロナの感染者が増え始め、未知のウイルスへの危機感が広がった。４月には政府がすべての都道府県に「緊急事態宣言」を出し、外出の自粛を求めた。感染につながる「３密」（密閉・密集・密接）を避ける動きが広がり、多くの飲食店や劇場が休業した。水際対策が強化され、訪日客が前年４月比で99％減るという未曽有《みぞう》の事態になった。

　特に深刻な打撃を受けたのが、対面でのビジネスを基本とする観光業だった。先が見えないなか、事業を続けるべきなのか。事業者の選択は分かれた。

「コロナ禍が、ここまで長く続くとは思いませんでした。悲惨な状況のなかで何をどうすべきか、ずっと頭を悩ませてきました」

ミナミで道頓堀ホテル（115室）など4つのホテルを経営する企業の橋本明元専務は、そう振り返る。

4ホテルはコロナ前、宿泊客の9割以上が訪日客だった。中国や韓国など、アジアから来る人が大半を占めた。たこ焼きづくりや着付け体験といった、日本の文化を無料で楽しめるサービスを提供し、人気を集めていた。

訪日客依存の反動は大きかった。コロナ禍になって国内客を呼び込もうとしても、うまくいかない。売り上げは9割減が続いた。約8億円の手元資金があったが、毎月2000万円ずつなくなったという。

企業が従業員に支払う休業手当の一部を国が負担する「雇用調整助成金」の特例措置などを活用し、約200人の雇用は維持できた。

一方で、仕事がなければ従業員のモチベーションは保てない。雇用調整助成金をもらうなら、社会に対して何らかの貢献をすべきだ。橋本さんはそんな思いで、従業員を巻き込みながらボランティア活動に力を入れてきた。

ホテルの周りでは毎朝、ごみ拾いを続けた。従業員が使わなくなった服などを売るバザーを開き、すべての収益を病院に寄付したこともある。近くの飲食店や美容室のメニュー表などを英語、中国語、韓国語に訳す作業を無料で請け負った。コロナ後を見据えれば、サービスを多言語で伝える準備をするのは重要だと考えたからだ。

「外国人なんか来ないやろ！」。そう怒鳴られたこともあったが、地域を回り続けて50店舗以上から翻訳を任された。

ビジネスでも、新たな試みを続けてきた。大学生の合宿や企業研修などの需要を見込んでホテルの「１棟貸し」をしたり、料理の宅配を始めたり。日本人の宿泊客を増やそうと、２０２２年４月からは「気軽にできるサプライズ」に力を入れる。宿泊客の家族らがホテルのウェブサイトからメッセージを打ち込むと、その文章を印刷した手紙が客室に届く。風船やメッセージ板などで客室を飾ることもできる。20代の若者から人気という。

コロナ禍のなかでも挑戦をしたことで、事業の幅は広がった。料理の宅配や「気軽にできるサプライズ」は、これからも続ける考えだ。

「コロナ禍を通じて、会社としては強くなったと思います。インバウンドは日本経済にとっても絶対に大事だと思いますが、１００％いなくなることは想定してこなかった。日本人の集客もできる仕組みを考える機会になったので、何十年か先には、『コロナを経験して良かった』と思える時が来るかもしれませんね」
韓国やシンガポールからの宿泊客の予約も入り始めているという。

道頓堀ホテルから北東へ約７００メートル。ホテルザフラッグ心斎橋（１６２室）は２０２２年７月、約２年ぶりに営業を再開した。

ホテルを経営する信田光晴社長は「インバウンドの個人旅行が秋か冬に戻るのではないかと思い、準備もかねてホテルをあけました」と話す。

信田さんは不動産業などを営んでいたが、道頓堀ホテルの橋本さんからホテル経営の魅力について聞き、２０１８年にホテルザフラッグ心斎橋を開いた。

ミナミはアジアからの訪日客が多かったが、信田さんは欧州、米国、オーストラリアから来る人たちの需要を取り込んだ。コロナ前、宿泊客の出身地は55%が欧米豪、35%がアジア、10%が日本だった。フロントで働くすべての従業員が英語を話し、宿泊者にオススメの飲食店を紹介。体調がすぐれなければ、病院にも付き添った。接客をあえて「非効率化」し、ほかのホテルとの差別化を図ったという。

そんな手厚いサービスが評判を呼び、２０１９年には世界最大級の旅行口コミサイト「トリップアドバイザー」が選ぶ「外国人に人気の日本のホテルランキング」で7位に輝いた。

だがコロナの感染拡大で、逆風に見舞われる。

２０２０年1月の時点で、「コロナ禍は最低1年、長ければ2～3年は続く」と感じたという。ホテル経営の痛手を抑えるため、２０２０年3月から休業した。コロナ禍でホテルをあけていれば、2～3倍の手元資金を失う見込みだったという。医療従事者を受け入れた時期が1カ月ほどあったが、それ以外はホテルを閉めた。

休業している間、コロナ後の戦略について考え続けてきた。

ホテルが再開した後は、欧米でよく売られる野菜の「ケール」を取り入れたサラダなどを朝食で提供し、ほかのホテルと差別化。客室に飲み水のペットボトルを置くのをやめ、給水ボトルを貸し出したり無料で配ったりして浄水器から水をくんでもらう仕組みに変えた。環境への意識が高い欧米からの宿泊客の支持が得られると考えたという。

コロナ前はホテル不足がさけばれた時期もあったが、訪日客の需要を見込んだ開発が進み、供給量が一気に増えた。「コロナ後は、安売りをするホテルは生き残れないと思います。付加価値を高めて、寝ること以外の『泊まる意味』を提供できるようにしたい」

信田さんはそう考えている。

コロナ禍で2年以上にわたって苦境に立たされた観光業が、コロナ後に向かって動き出している。「訪日客数は、大阪・関西万博が開かれる２０２５年にはコロナ前の水準に戻るだろう」（鉄道会社幹部）という見方も強い。感染者数が急増する時期もあるが、経済・社会の立て直しと感染対策の両立を図る「ウィズコロナ」の流れが加速している。

「観光立国」に向けた歩みが、再び始まりつつある。政府は２０２２年9月上旬から水際対策をさらに緩和し、添乗員を伴わないパッケージツアーも受け入れ始めた。

コロナ前は訪日客が増え続け、観光業は日本経済を支える重要な産業になった。２０１９年の訪日客の消費額は４・８兆円に上った。つまり観光業は、４・８兆円の「外貨」を稼いだことになる。財務省の貿易統計によると、主要品目別の輸出額では自動車（12・０兆円）がトップで、半導体等電子部品（４・０兆円）、自動車の部分品（３・６兆円）が続いている。観光業は宿泊、交通、飲食など裾野が広い「総合産業」なので単純には比較できないが、多くの外貨を獲得したことは間違いない。

低迷が続く地域経済にとっても、観光業への期待は大きい。高度経済成長期には雇用を生むために大企業の工場を誘致する地域が多かったが、工場の海外移転や「ものづくり」産業の衰退が続いた。そんななか、観光業は古民家、お祭りなど地域に「すでにある資産」を生かして収益を生むことができる。

日本の人口減や少子高齢化は、とどまる気配がない。生産年齢人口は減る一方で、社会保障費は膨らむ。このままでは、日本がどんどん貧しくなる。

そんな状況を踏まえても、「稼げる産業」を未来に残すことは大切だ。筆者はその力が、観光業にあると考えている。

一方で、コロナ前には課題も浮き彫りになった。

京都などの一部の観光地に訪日客らが集まり、ごみのポイ捨てや交通渋滞といった「観光公害」（オーバーツーリズム）が深刻化した。京都の財界関係者からは「コロナ前の状況にそのまま戻るのは危険だ」という声も聞いた。

観光立国をめざす以上、「経済的利益」と「社会的損失」のバランスを考えることは欠かせない。その視点がなければ、地域の協力・理解を得ながら観光業を発展させることが難しくなるからだ。

また日本全体では訪日客が増えた一方で、有名観光地ではない地域を訪れる人は依然として少なかった。人を呼び込めても、十分に稼ぐ仕組みが整っていない地域も目立った。その課題に向き合うことも、今後は求められる。

では、どうすれば良いのか？

本書では、観光の最前線で働く人たちの挑戦や葛藤を伝えることで、コロナ後を考える「材料」を提示できればと思っている。「現場の声」を聞いてたどり着いた筆者なりの考えも盛り込んでいる。

観光に携わる人たちをおもな読者に想定しているが、仕事や学業で関わりがなくても、家族や友人と定期的に旅行へ行く人は多いだろう。観光関係者の思いを知ることで、旅先での「見える景色」や振る舞いが変わるかもしれない。

本書がより良い日本経済・社会を考えるために少しでも役に立てれば、嬉しく思う。

筆者は、おもに経済分野の取材をする新聞記者だ。

コロナの感染拡大が始まった２０２０年は東京で働いており、外出自粛の影響で苦境に立たされた企業の資金繰りを取材した。倒産したホテルや菓子メーカーの経営者も取材した。

２０２１年に大阪へ移り、ホテル、旅館、鉄道、バス、通訳案内士、大阪・関西万博、ＩＲなどの記事を書いている。

取材の蓄積を生かし、本書は５つの章で構成している。第１章ではコロナ禍で苦境に陥った経営者や働き手の声を伝え、コロナ前の観光業の状況について統計データを交えて振り返る。それを踏まえて、筆者がコロナ後の観光業を考えるために重要だと思う視点を示し、第２～第５章で掘り下げていく。

観光立国・日本

目次

写真は断り書きのない限りすべて朝日新聞社提供

図表作成　株式会社アトリエ・プラン

第1章　観光業の現在地

アルバイトで食いつなぐ通訳案内士

「国際情勢や自然災害の影響でインバウンドが減ることはありましたが、半年ぐらい経てば戻り始めることが多かったと思います。年単位で仕事がなくなるなんて、考えもしませんでした。この約2年間を振り返ると、なんとか生活することに必死で、大変だったのかどうかもよく思い出せないですね」

2022年6月。コロナ禍で通訳案内士の仕事がなくなった北関東の男性が、電話越しに心境を打ち明けてくれた。

日本は6月から、添乗員付きのパッケージツアーに限って観光目的の訪日客を受け入れ始めた。だが、通訳案内士の仕事に戻れる見通しは立っていない。いまは近くのスーパーマーケットでアルバイトとして週5日ほど働き、生計を立てている。食品の品出しや、特売品コーナーの設置を任されているという。

男性に初めて取材させてもらったのは、半年ほど前だった。その時はオンラインで、通訳案内士という仕事への思いを聞いた。

1984年生まれ。高校を卒業した後に渡米し、現地の大学を卒業した。2008年のリーマン・ショックの影響で就職先は見つからず、英語力を生かせる通訳案内士をめざした。

2012年、国家資格である「全国通訳案内士」の試験に受かった。人材派遣会社と契約し、通訳案内士として働き始めた。

政府が「観光立国」を掲げて海外から観光客を呼び込み、訪日客数は右肩上がりで増えた。それに比例して、仕事も順調だった。

当初はカラオケ店でアルバイトをして生活費を補っていたが、2014年には通訳案内士の仕事だけで生活できるように。米国やオーストラリアからの約4000人の訪日客を毎年、富士山など全国各地へ案内し、地域の魅力を伝えた。年収は600万円を超えた。

「ありがとう」「また来る時はお願いします」

感謝を直接伝えてもらえることが、何よりの魅力だと感じた。

「日本を好きになって帰ってもらう仕事なので、やりがいは大きかったです」

だが、コロナで状況は一変した。

感染拡大が始まった2020年は、人材派遣会社から13本の長期ツアーの仕事が入っていたが、年初にはすべてキャンセルになった。「3カ月ぐらいで落ち着くだろう」と当初は考えていたが、コロナの猛威は続いた。コロナ前は年間3000万人を超えていた訪日客は急減した。2021年の訪日客は約25万人。コロナ前の2019年と比べて99％も減り、国が統計を取り始めた１９６４年以降で最も少なかった。

２０２０年６月から、アルバイトを始めざるをえなくなった。人材派遣会社からは国の休業支援金などの案内があり、申請した。アルバイトの収入と合わせても、年収はほぼ半分にまで減っていた。

旅行代を補助する政府の観光支援策「Ｇｏ Ｔｏ トラベル」などで国内旅行は一時盛り返したが、訪日客相手である通訳案内士の仕事は戻らなかった。

日本の文化や歴史などを伝えて「観光立国」の一翼を担ってきたはずなのに、「通訳案内士は旅行業界のなかで、取り残されている感じがありました」と振り返る。

２０２２年秋以降は少しずつ、通訳案内士の仕事の予約が入り始めているが、生活が安定するかどうかは見通せない。「通訳案内士の仕事一本でいきたいですけど、訪日客がいつどれぐらい戻るのかは分かりません。しばらくはアルバイトを続けます」

2～3割が転廃業か

政府などに通訳案内士の苦境や支援策を訴えるため、全国の通訳案内士団体は２０２１年10月、日本通訳案内士団体連合会（東京都新宿区）を立ち上げた。12月には観光庁に給付金の拡充やガイドの技術を磨く研修への助成を求める要望書を出した。

全国通訳案内士の資格を持つ人は、約2万7000人いる（2022年4月時点の登録者数）。日本通訳案内士団体連合会によると、コロナ禍によって若手を中心に2～3割の通訳案内士が転業や廃業を余儀なくされたとみられる。先ほど紹介した北関東の男性のように、一時的にアルバイトに転じる人も多かったようだ。

「訪日客が戻る時期が分からないので、国内客向けのガイドを始める人もいました。外国語を使いませんが、土地の歴史・文化を伝える訓練にはなるので」（ある通訳案内士団体の幹部）という声も聞いた。

日本通訳案内士団体連合会の澄川雅弘会長は2021年12月、オンライン取材に応じ、通訳案内士の重要性について次のように話した。

「日本には豊かな自然、文化、歴史があります。観光は、新たな投資がほとんどいりません。全体的には国力が落ちている日本にとっては、いまある資産を使って地域を盛り上げ、収入を上げられる良い産業なんです」

「これからは多くの投資が必要な産業と、投資が少なくて済む観光の『両輪』で経済を動かしていくことが、日本にとって大事だと思います。本気で観光立国をめざすなら、日本の歴

図表1-1 「倒産」と「休廃業・解散」の件数推移

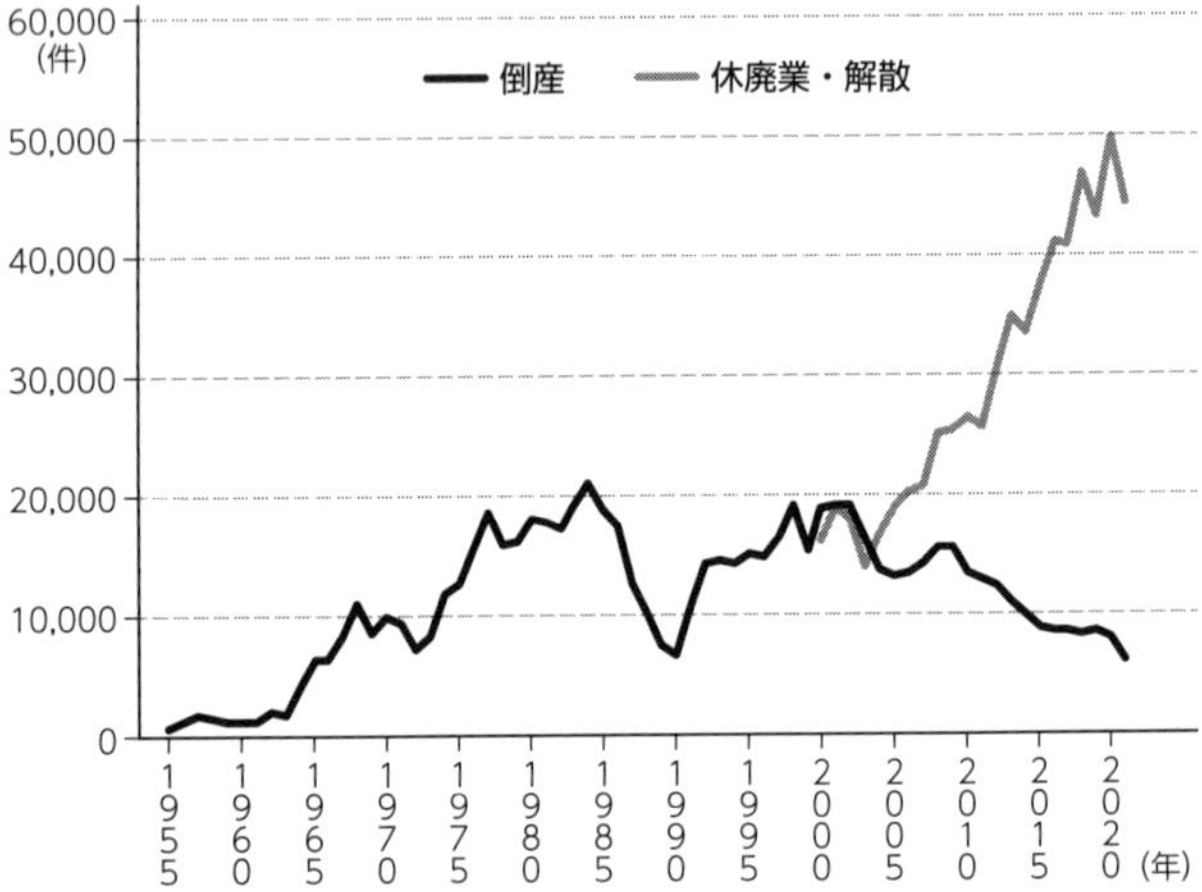

(出所)東京商工リサーチの統計をもとに筆者作成

史や文化を正しく伝えられる通訳案内士は欠かせません。コロナ後を見据えた支援を求めていきたいです」

「倒産」ではなく「休廃業・解散」が相次ぐ

通訳案内士のように「個人事業主」が大半を占める仕事だけでなく、多くの従業員を抱える「企業」にもコロナの影響は広がった。

調査会社の東京商工リサーチ（東京都千代田区）によると、コロナの感染が広がった2020年、企業の「休廃業・解散」の件数は前年比14・6％増の4万9698件だった（**図表1－1**）。統計を取り始めた2000年以降で、最も多かった。

コロナ禍で先行きが不透明ななか、多くの負債を抱える前に事業をたたむ企業が目立ったという。

産業別では、観光関連の宿泊、飲食、娯楽などを含む「サービス業他」が17・9％増の１万５６２４件で最多だった。建設業（８２１１件）、小売業（６１６８件）が続いた。地域別では、中国地方を除く8地域で前年より増えた。最多は関東で18・０％増の２万２５８５件。増加率は近畿（６７３４件）の27・５％が最大だった。

２０２１年の全体の休廃業・解散件数は、前年比10・７％減の４万４３７７件にとどまった。それでも、統計を取り始めてから3番目に多い。この年も産業別では、「サービス業他」が１万４０７１件で最も多かった。全体の31・７％を占めた（次ページ、**図表1－2**）。

一方で、債務を支払えなくて事業を続けられなくなる「倒産」は少なかった。

２０２０年の企業倒産（負債１０００万円以上）は、前年比７・２％減の７７７３件。30年ぶりの低水準だった。月別件数では１～４月に前年を上回り続けたものの、７月以降は６カ月連続で前年を下回った。負債総額は14・２％減の約１兆２２００億円。

産業別では、「サービス業他」が１・０％増の２５９６件と最も多く、５年連続で増えた。一方、外出自粛に伴う「巣ごもり消費」の恩恵を受けた小売業は14・３％減の１０５４件。

図表1-2 「休廃業・解散」企業の産業別内訳(2021年)

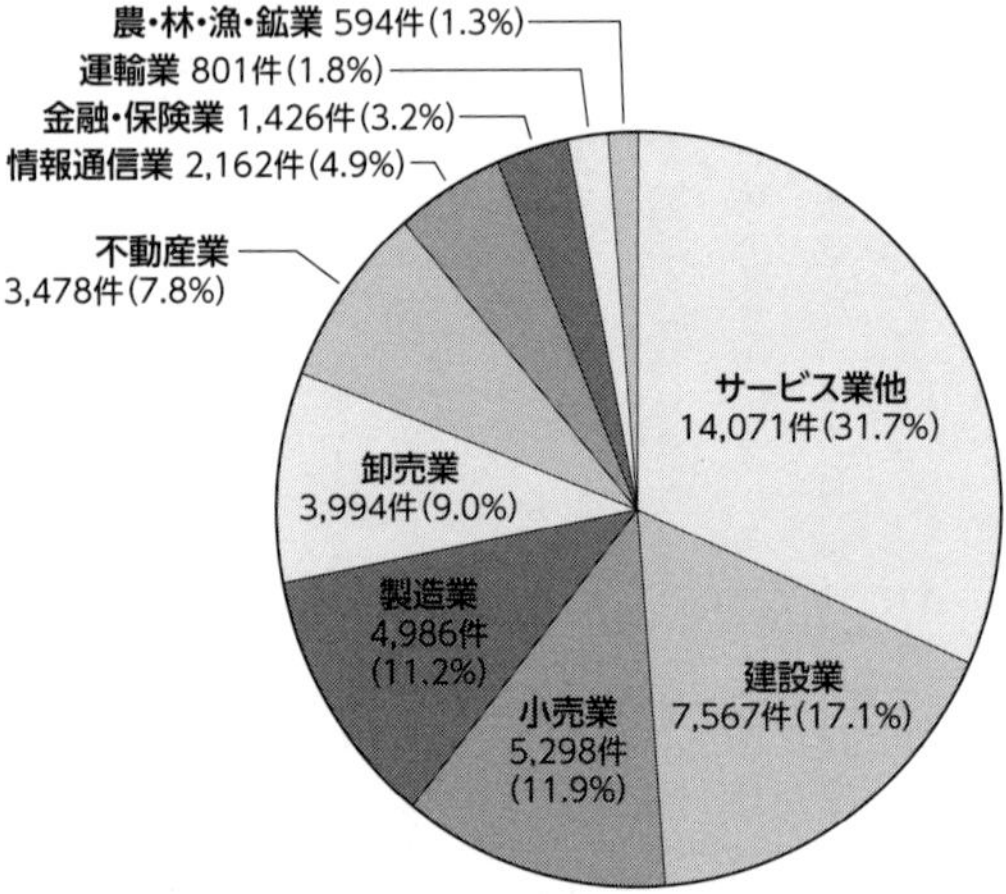

(出所)東京商工リサーチの統計をもとに筆者作成

過去30年間で最も少なかった。

上場企業の倒産は、アパレル大手レナウン（東京都江東区）と医療関連会社Ｎｕｔｓ（東京都港区）の２件だけだった。リーマン・ショックが起きた２００８年は戦後最多の33件だったことを考えると、コロナ禍では大幅に抑えられた。

２０２１年の倒産件数は６０３０件だった（**図表１－３**）。東京五輪が開かれた１９６４年の４２１２件以来、57年ぶりの少なさだった。負債の総額は１兆１５０７億円で、48年ぶりの低水準になった。

50～60年前といえば、日本の高度経済成長期にあたる。つまり倒産件数だけみると、日本経済が「絶好調」だった時期と同じ水

図表1-3 「倒産」企業の産業別内訳(2021年)

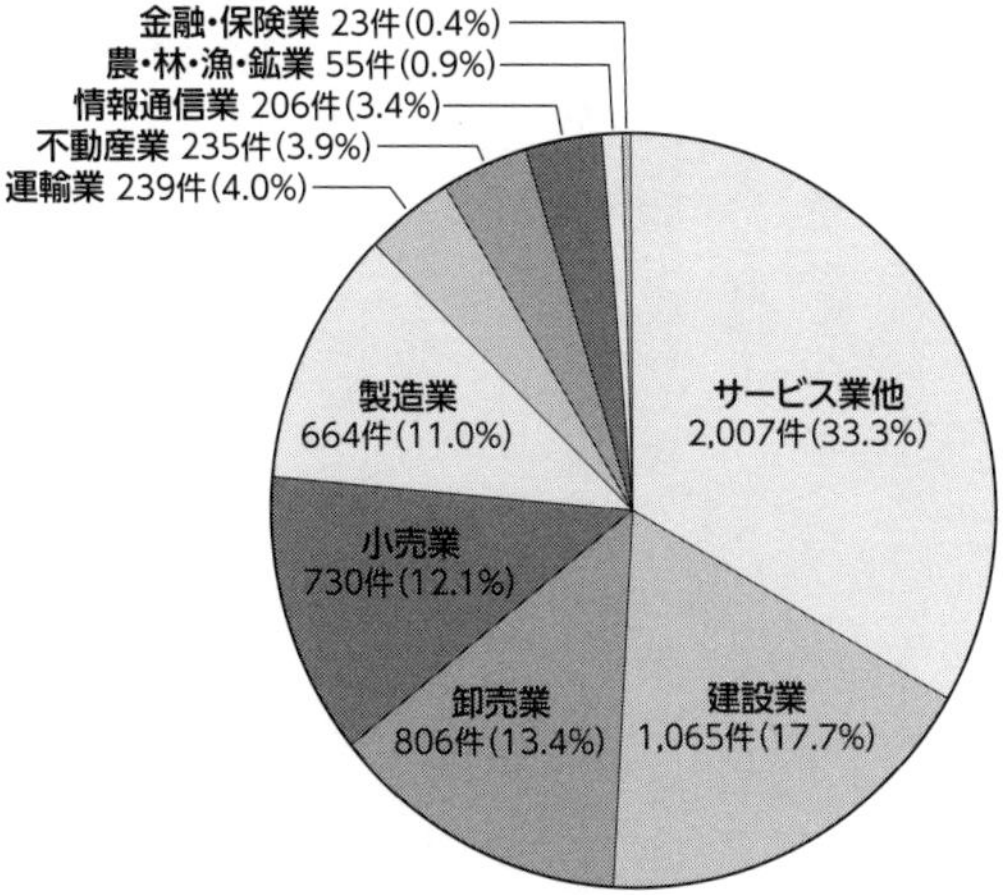

(出所)東京商工リサーチの統計をもとに筆者作成

準という不思議な状況になった。２０２１年の上場企業の倒産は、５年ぶりに「ゼロ」だった。

コロナ禍で倒産を抑えることができたのは、政府の支援策で当座をしのぐことができた企業が多かったからだ。

実質無利子・無担保でお金を借りられる通称「ゼロゼロ融資」や、雇用調整助成金の特例措置などが、効果的だったとみられる。

東京商工リサーチの調査担当者は「コロナ禍で休廃業・解散した事業者は、後継者がいないケースが目立ちました。先が見通しづらかったため、事業をたたむ決断をするきっかけになったのだと思います。倒産した企業は、コロナ前から経営が苦しかった場合が多いです。コロナ禍が長引いたため、支援を受けても立ちゆかなくなった『息切れ型』の倒産も徐々に増えました」と話した。

八方塞がりの貸し切りバス

全体的に倒産が減ったなかでも、苦境が際立った業種がある。貸し切りバスだ。

東京商工リサーチによると、2021年の貸し切りバス会社の倒産件数（負債1000万円以上）は、過去30年で最多の14件に上った。

14件はすべてコロナの影響を受けた倒産として認定されている。いずれも従業員は50人未満、資本金も1億円未満という小規模な事業者だった。

負債の総額が最も大きかったのは、訪日客向けにツアーバスなどを運行していた「あじさい観光」（大阪府堺市）の5億円だった。経費を削減しながら運行を続けていたが、資金繰りが限界に達したという。

バス業界の実態を知りたいと考え、取材先を探した。すると西日本のあるバス会社の幹部が2021年12月、匿名を条件に取材に応じてくれた。

事務所を訪ねると、経営状況をまとめた資料を見せてくれた。2020年7月から1年間の月別売上高が書かれている。１年前と比べてどれだけ稼げたかを示す「前年達成率」は、７月が14％、８月が20％など低調な数字が並んでいた。

「コロナの影響がいつまで続くか分かりません。２０２２年の春には、会社が持たなくなるかもしれない」。バス会社の幹部は、そう嘆いた。

コロナ前、売り上げの８割は訪日客による貸し切りバスの利用だった。おもにアジアから来る団体客を３日から１週間ほどかけ、関西や関東などの観光地へ運んだ。だが感染者が出始めた２０２０年１月ごろから、「予約が全部とけた」（幹部）という。

２０２１年の東京五輪・パラリンピックでは、東京周辺で選手らを送迎する仕事が40日ほど入り、一時は業績が盛り返した。だが顧客は訪日客中心だったため、旅行会社から国内客向けの仕事はほとんど入らず、「Ｇｏ Ｔｏ トラベル」の恩恵もほぼなかった。コロナ禍でも、会社員の企業への送迎などを手がけているが、売り上げはコロナ前の８割減が続いている。

数十台のバスは、月１０００万円超を払ってリース会社から借りている。１割ほどしか稼働していないが、契約期間中は解約できず、コストがかさむ一方だという。

なんとか存続できたのは、雇用調整助成金の特例措置のおかげだった。

「コロナ禍で先が見えない」などの理由で退職した社員も数人いたが、雇用調整助成金を申請し、仕事がない数十人の社員に基本給分のお金は出せた。アルバイトとの兼業も認めている。倉庫内での集荷作業などのアルバイト収入と合わせて、生活をつないでいる社員も多いという。

一方、事業では打開策を見いだすのは難しかった。

コロナに感染した患者を療養場所などへ送迎する案もあったが、感染を恐れる運転手の反発が強くてあきらめた。業界では「１人カラオケ」用にバスを貸し出す会社もあったが、機材などへの投資を回収できない可能性が高いと考えた。「訪日客を中心に仕事をしてきたので仕方ないのですが、まさに『八方塞がり』の状況でした」

約半年後の２０２２年6月、幹部に電話をして話を聞いたが、状況は変わっていなかった。「楽観的に考えても、訪日客がコロナ前ぐらいに戻ってくるのは２０２３年の春でしょう」。雇用調整助成金の特例措置が延長されたため、倒産は回避できている。

一般社団法人「大阪バス協会」の塩川耕士会長（当時）にも取材をお願いした。２０２１年11月、大阪市内の協会事務所で次のように語った。

「バスは動いていなくても、税金や保険代などの固定費はかかってしまいます。バス業界でも特に、訪日客向けのバス会社は大変で、廃業したり国内ツアー向けに事業を変えたりしていました」

「多くの観光バスは約５分ごとに空気が入れ替わるので、しっかり換気ができます。抗菌・抗ウイルス剤を車内に散布したり、横の席との間をパーティションで隔てたりして感染対策も徹底していました。そうした対策についてＰＲしてきましたが、バスは密になりやすくてリスクがあるという印象は、ぬぐいきれませんでした。残念に思っています」

ファーストキャビンが倒産した理由

東京商工リサーチの調査担当者が指摘するように、コロナ禍で倒産した企業は、コロナ前から経営が苦しかったケースが目立つ。感染が広がり始めた当初、話題を呼んだのが「ファーストキャビン」（東京都千代田区）の倒産だった。

ファーストキャビンは、航空機の客室をイメージしたコンパクトホテル（高級なカプセルホテル）を全国で展開し、人気を集めた。創業は２００６年で、「コンパクト＆ラグジュアリー」を掲げた。１泊の料金は４０００～６０００円が中心で、特徴的な客室のほかに、大浴場や共用スペースも人気だったという。女性が４割ほどを占めた。

東京地裁に破産を申請したのは、2020年4月。関連会社4社も含めて負債総額は数十億円とみられる。東京・築地や京都・嵐山などで展開していた直営の5施設は閉鎖した。その他の約20店舗については、フランチャイズオーナーらの判断に委ねられた。

先に伝えておくと、ファーストキャビンの事業はその後、不動産開業会社が引き継いだ。「ファーストキャビン」というブランドを残し、営業を続けている。

当時の社長が破産申請から6日後、取材に応じてくれた。コロナ禍で初めての緊急事態宣言が出ていた時期だ。外出自粛が求められ、東京で働いていた筆者もテレワークをしていた。経営が行き詰まった経緯を、オンライン取材で聞いた。

倒産した要因について、社長は3つを挙げた。

「1つ目は、インバウンドや五輪特需狙いで多くの企業がホテル事業に参入し、市場が供給過剰になったことです。ファーストキャビンが好調だった頃、大手ビジネスホテルは都心などで1泊1万5000～2万円の料金設定でした。4000～6000円という我々の値段は優位性がありました。でも近年、ビジネスホテルも競争に勝つため、同じぐらいの額で売り出すようになり、稼働率が下がる要因となりました」

「2つ目は、直営の施設を立て続けに開業したことでした。直営店は5年ほど前に始め、合弁会社による運営も含めて最大8店舗まで増やしました。直営店は稼働率が良ければ収益も大きいですが、稼働率が下がると家賃や人件費などが負担になり、採算は悪くなります。1人でもお客さまがいれば風呂を沸かし、受付にも人を配置する必要があります。フランチャイズと比べ、収益の分岐点となる稼働率が全く違います。リスクも大きいのに、直営の施設を開き、結果的に足を引っ張りました」

「直営店を増やしたのはインバウンド需要を見越し、直営でもやっていけると思ったからです。数年前は、『いまのままではインバウンド需要に応えられない』『五輪特需の時にどうするんだ』などとホテル不足が騒がれていました。株式の上場も考えていた頃なので資金があり、直営店を出そうと思えば出せました。でも、出店した後のリスクへの見通しが甘かったのです」

「3つ目は、内部のマネジメント（管理）の問題ですが、フランチャイズビジネスも継続して利益が出る状態にできませんでした。新しいホテルを建てた当初にだけ得られる業務運営のコンサルティング費や設備の販売益に依存していました。結果として、新たな出店ができなくなったとたんに収益がマイナスになる構造に陥りました」

状況を打破しようにも、再建は難しかったという。

「赤字の店舗を閉鎖するにも、建物のオーナーとの契約の違約金など多くのコストがかかります。出店したばかりの店舗が多いのでオーナーとの交渉も難しく、赤字を止血しようにもできませんでした。近年の売上高は14億～17億円ほど。２０１７年3月期は純利益が５３００万円出ていましたが、２０１８年3月期は2億３７００万円の赤字、２０１９年3月期も８３００万円の赤字に陥りました」

「人が動く」ことの重要性

そうしたなかでコロナの感染が広がり、外出自粛が始まった。

「ファーストキャビンは終電を逃した人が泊まるようなケースは少なく、前もって観光、スポーツ観戦、ビジネスなどの目的があって事前に予約する人が大部分です。人の移動がないというのは想定できなかったことであり、世の中に与える影響は大きすぎます。『人が動く』ということが、いかに経済を支えているかを痛感しました」

「1年以上運営している店舗の稼働率は２０２０年1月が65％、2月が59％、3月は30％に落ち込みました。店舗によっては、10％ほどに落ち込む日もありました。コロナの影響がいつまで続くか分からないし、資本金が大きいので大企業扱いになり、（政府による）中小企業の支援策を受けられません。破産を選ばざるをえなかったのです」

　当時の社長は、倒産直前の２０２０年３月に社長に就いたばかりだった。最後に、これまでの事業を振り返って思うことを聞いた。

「事業目的をぶらさず、フランチャイズ、直営なら直営に絞った方が良かったのだと思います。フランチャイズをやりながら直営を始めたのが、破産につながったと感じています」

ビジネスモデルの刷新

　時代の変化に合わせたビジネスモデルの転換が遅れており、コロナ禍で耐えきれなくなった企業もある。

　客室から太平洋を望む旅館「浜の雅亭一井《みやびていいちい》」（三重県鳥羽《とば》市）を経営していた松浪は、その一例だ。２０２１年５月に倒産した。

　旅館は１９９７年に建てられた。団体客から支持を集め、一時は年約８億円の売り上げがあったという。だがコロナ前にはすでに、約４億円に半減。コロナ禍でさらに落ち込み、事業を続けることができなくなった。負債総額は約12億円だった。

観光庁によると、１９８０～１９９０年代には団体旅行が盛んで、需要を取り込もうとしてホテル・旅館の大型化が進んだ。その後は個人旅行の比率が高まり、コロナ前は国内旅行の9割が個人旅行になった。企業の社員旅行も激減している。その結果として、浜の雅亭一井のように経営が苦しくなった企業も目立つ。

浜の雅亭一井はその後、再生に乗り出している。「みえ中小企業活性化ファンド」という官民ファンドの運営を手がける三重リバイタル（津市）と宿泊施設の運営などを担うグッドハイブ（三重県伊勢市）が共同で立ち上げた会社が、事業を引き継いだ。

改革として、海が見えない客室の販売をやめた。朝食や夕食には春ならタケノコや桜鯛、夏ならみょうがや鱧《はも》といった旬の食材を積極的に取り入れる。3月なら桃の節句をイメージして料理を全体的に淡い色合いにするなど、季節感を出す工夫もしている。団体客よりも単価が高い個人客の取り込みに力を入れ、宿泊単価は以前と比べて2割ほど上がった。今後は訪日客向けの宿泊プランも売り出す方針だ。

再生を率いるのは、岡本匠社長だ。１９７６年生まれ。米国のミシガン州立大学でホテル経営を学び、帰国後はホテル専門のコンサルタントとして働いた。現場で事業経営に携わりたいと考え、近年は全国各地で旅館・ホテルの再生を手がけている。

２０２２年5月、岡本さんは旅館のロビーで取材に応じてくれた。倒産の経緯や改革の方針について、次のように語った。

「倒産する前は、お客さんを大量に『さばく』ことに重点が置かれ、料理も早くからどんどん並べるというスタイルでした。もちろん、それが悪いわけではありません。ただ個人旅行へのシフトが進んだので、団体旅行では全盛期の時のようにうまく稼ぐことができなくなりました」

「いままでのやり方が染みこんでいると、そこに疑問を持たなくなります。新しいチャレンジをしたり、お客さんの視点で考えたりする意識を広げられるよう取り組んでいます」

観光立国への道のり

ここまでは、コロナ禍での観光業の苦境を伝えてきた。これからの観光業のあり方を考えるため、次はコロナ前の状況を振り返りたい。

日本が国をあげて観光振興に乗り出したのは、２００３年だった。

当時の小泉純一郎首相が「観光立国」をめざす方針を打ち出し、官民でＰＲ活動を強化して訪日客を呼び込む「ビジット・ジャパン・キャンペーン」を始めた。観光立国とは、国内外から日本各地を訪れる観光客の消費を増やし、国の経済を支えることだ。

２００６年には観光立国をめざすために国や自治体の責務などを定めた「観光立国推進基本法」が成立し、２００８年には観光庁が立ち上がった。

そもそも、なぜ観光立国をめざすのか。

観光庁のウェブサイトには、次のようにある。

「観光は、我が国の力強い経済を取り戻すための極めて重要な成長分野です。経済波及効果の大きい観光は、急速に成長するアジアをはじめとする世界の観光需要を取り込むことにより、地域活性化、雇用機会の増大などの効果を期待できます」

「さらに、世界中の人々が日本の魅力を発見し、伝播することによる諸外国との相互理解の増進も同時に期待できます」

観光庁が２０２２年5月に発表した「アフターコロナを見据えた観光地・観光産業の再生に向けて」という報告書では、観光が「成長戦略の柱」「地方創生の切り札」だと改めて明記。日本は自然、文化、気候、食という観光振興に必要な4つの条件を兼ね備えた世界でも数少ない国で、「観光立国を実現するための潜在能力を有している」とした。

石油・天然ガスなどの資源が乏しい日本では第2次世界大戦後、鉄鋼、電機、化学、自動車といった「ものづくり」産業が経済を引っ張った。

だが１９９０年代にバブル経済が崩壊し、ものづくりは海外との競争に敗れることも目立つようになった。経済成長が鈍り、「失われた30年」とも呼ばれる低迷が続いた。一方で、少子高齢化や人口減も加速し、特に地域経済は苦境に陥っている。

そんな危機的な状況のなか、「救世主」として注目されたのが観光業だった。

日本には歴史・文化を色濃く映す寺社、仏閣、お祭りなどが数多く残り、ユネスコの無形文化遺産になった和食をはじめとした食の魅力もある。四季によって景色が変わり、桜や紅葉なども楽しめる。北海道では雪山でスキー、沖縄ではビーチで海水浴などができる。世界的に見て、治安も良い。海外からの観光客をひきつける要素は、たくさんある。

観光業はものづくりが堅調だった時代にはあまり脚光を浴びなかったが、時代の変化とともに「成長戦略の柱」にまで位置づけられるようになった。

「爆買い」が流行語大賞に

ビジット・ジャパン・キャンペーンで掲げた訪日客数の目標は、「２０１０年までに１０００万人」だった。当初は目論見通り結果が出たわけではなく、達成できたのは２０１３年だった。２００８年のリーマン・ショックや２０１１年の東日本大震災の影響で観光の需要が落ち込んだこともあり、計画からは3年遅れた。

だが、その後の訪日客数の伸びは驚異的だった（**図表1－4**）。ビザを発給する要件の緩和や円安、ＬＣＣ（格安航空会社）の台頭、官民のプロモーションの強化などが後押ししたとされる。世界的に中間層が増え、海外旅行へ行く人がそもそも増えていたことも大きな要因だった。

２０１５年にはユーキャン新語・流行語大賞の年間大賞として「爆買い」が選ばれた。中国人をはじめとした訪日客が家電や化粧品を買い込む光景は、社会現象になった。訪日客数（インバウンド）が日本人の海外旅行者数（アウトバウンド）を45年ぶりに上回ったこともあり、観光業にとって歴史的な1年になった。

２０１６年の訪日客数は早くも２０００万人を突破。コロナ前の２０１９年には過去最多の３１８８万人に達した。ちなみに国連世界観光機関（ＵＮＷＴＯ）の統計と観光白書によると、２０１９年の海外からの観光客数（集計方法は国によって一部異なる）では、日本は世界12位。フランスやスペインは８０００万人を超えており、日本とはまだまだ差がある。アジアだけでみれば、日本は中国（６５７３万人）、タイ（３９９２万人）に次ぐ3位だっ

図表1-4　インバウンドとアウトバウンドの推移

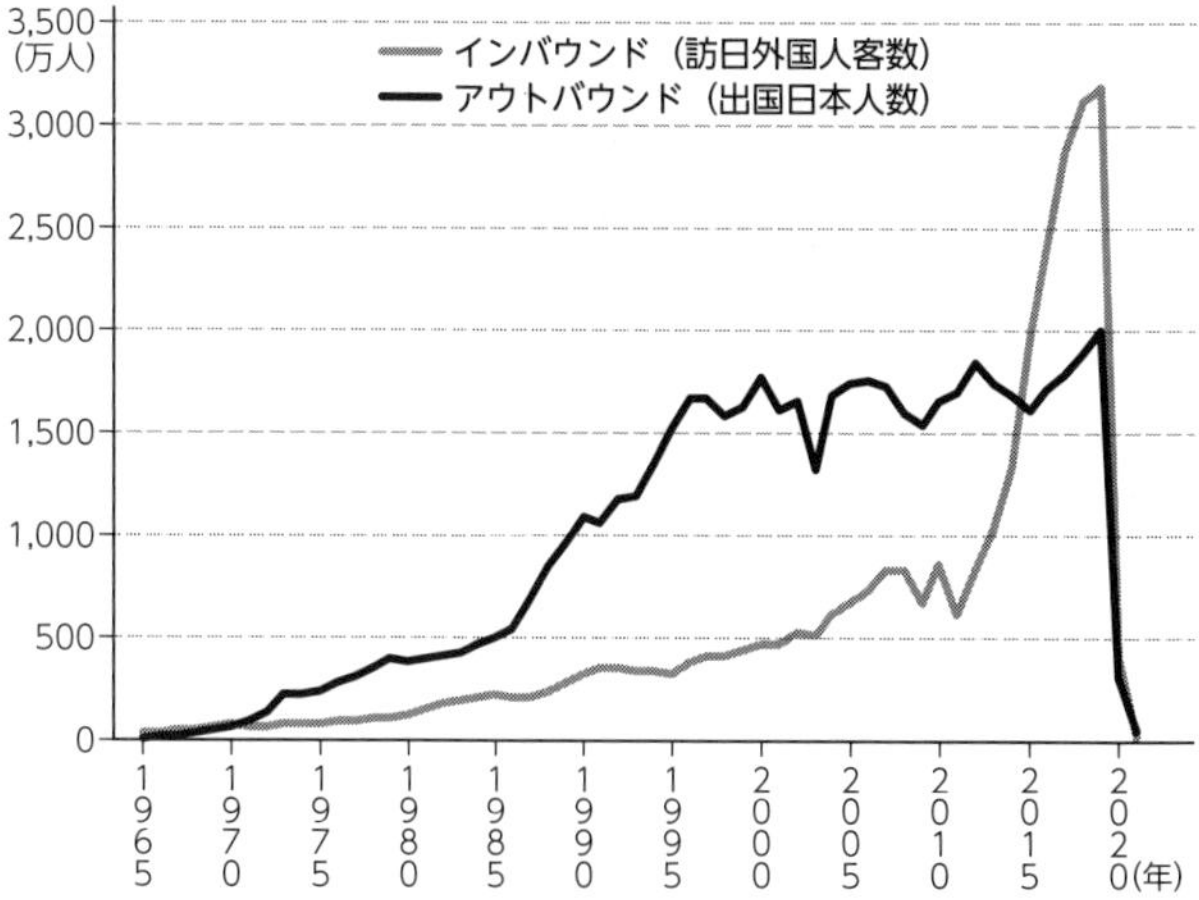

（出所）日本政府観光局の統計をもとに筆者作成

た。

　日本の2019年の旅行消費額は27・9兆円で、そのうち日本人の国内旅行消費額は21・9兆円（78・5％）、海外旅行消費額が1・2兆円（4・3％）だった。訪日客の消費額は4・8兆円で、全体の17・2％にとどまる（次ページ、**図表1－5**）。

　ただ「伸び率」や「1人あたり消費額」でみると、訪日客は際立っている。5年前の2014年と比べると、日本人の国内旅行消費額は約1・2倍だが、訪日客の消費額は約2・4倍になっている。

　訪日客の1人あたりの消費額（2019年、クルーズ船での観光客を除く）は15万8531円。日本人の国内観光での1人あ

図表1-5 旅行消費額の内訳(2019年)

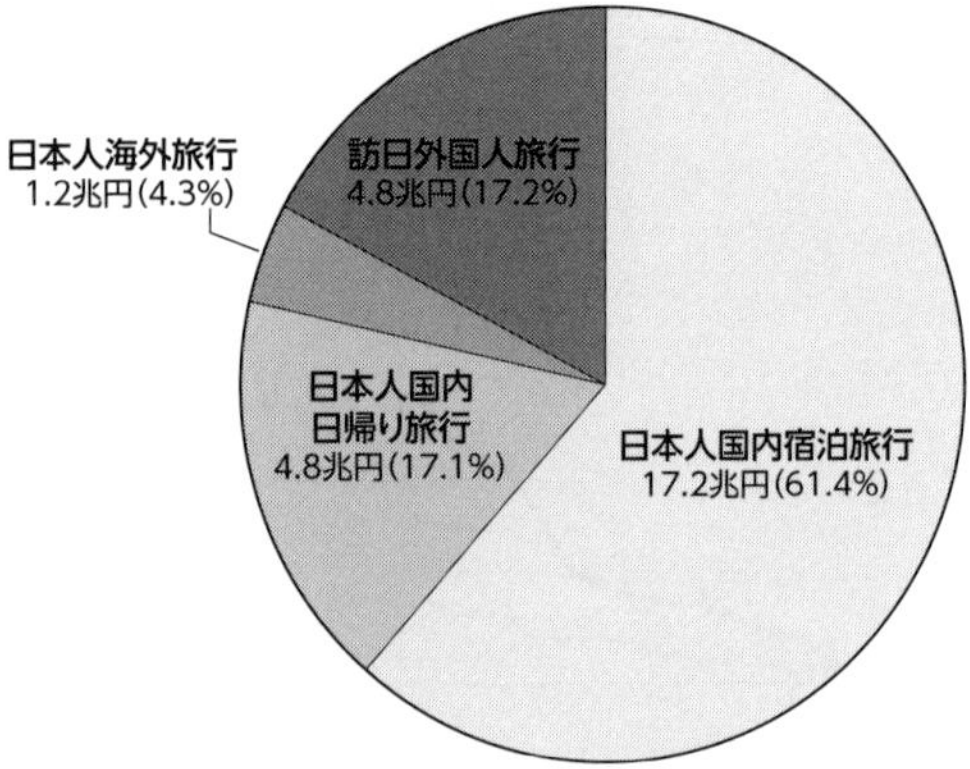

(出所)観光庁「旅行・観光消費動向調査」をもとに筆者作成

たりの消費額は宿泊なら５万５０５４円、日帰りなら１万７３３４円だ。訪日客は滞在日数も多いので、消費額が大きくなる。

観光庁によると、地域における定住者１人あたりの年間消費額は１３０万円。単純計算になるが、訪日客を地域に８人呼び込めば、移住者を１人増やすのと同じ消費が期待できる。

これまでは日本人の国内観光の消費額が圧倒的だったが、じゃらんリサーチセンターが２０１８年に発表した「２０３０年観光の未来需要予測研究」では、２０２２年に日本人の国内延べ宿泊日数と訪日客の延べ宿泊日数が「ほぼ同数」になると分析。２０３０年には訪日客の延べ宿泊日数が、日本人の国内延べ宿泊日数の１・７倍になるとみていた。

コロナ禍で状況が一変したが、これからは観光における訪日客の「存在感」がさらに大きくなる可能性が高そうだ。

外貨の獲得にとどまらない効果

「はじめに」でも少し紹介したが、訪日客が日本で消費してくれれば外貨を稼げるので、「輸出」と同じような位置づけで考えることができる。２０１９年の訪日客の消費額は４・８兆円。一方で、輸出額の上位には自動車（12・０兆円）、半導体等電子部品（４・０兆円）、自動車の部分品（３・６兆円）、鉄鋼（３・１兆円）、原動機（２・７兆円）、半導体等製造装置（２・５兆円）、プラスチック（２・４兆円）などが並ぶ。これからの「伸び代」も踏まえると、観光業への期待は大きい。

訪日客が増えれば「需要の平準化」にもつながる。日本では、会社員や公務員の多くが、土日や祝日に一斉に休む。そのためホテル・旅館などでは、ゴールデンウィークや年末年始はもうかるが、普段の平日の稼働率は一気に下がる。

ある大手ホテルの経営者は次のように話す。

「観光業には構造的な問題があり、『１００日の黒字と２６５日の赤字問題』と呼んでいます。日本ではみんなが一斉に休む休日は需要過多になるため、どんな経営者でも、１年のうち１００日は黒字になる可能性が高いんです。一方で２６５日は赤字になり、１年を通してみれば生産性は低いままです。需要をいかに平準化させるかは、以前からの根強い課題です。地域によって夏休みを取る時期を変えるなど、国をあげて休みの取り方を考える必要があると思います」

休日の分散化はすぐに実現するのは難しいかもしれないが、長期滞在する訪日客を呼び込むことができれば平日の稼働率は上がる。ホテル・旅館や観光施設の生産性を高めるという観点からみても、訪日客の受け入れは効果的といえる。

訪日客の消費動向

ここからは訪日客の消費について、より詳しくみていく。

２０１９年の消費額を国・地域別にみると、中国の１兆７７０４億円（36・８％）が最多だった（**図表１－６**）。台湾の５５１７億円（11・５％）、韓国の４２４７億円（８・８％）、香港の３５２５億円（７・３％）が続いた。これらのアジア４カ国・地域で、全体の６割以

図表1-6 **訪日客の国・地域別消費額**(2019年)

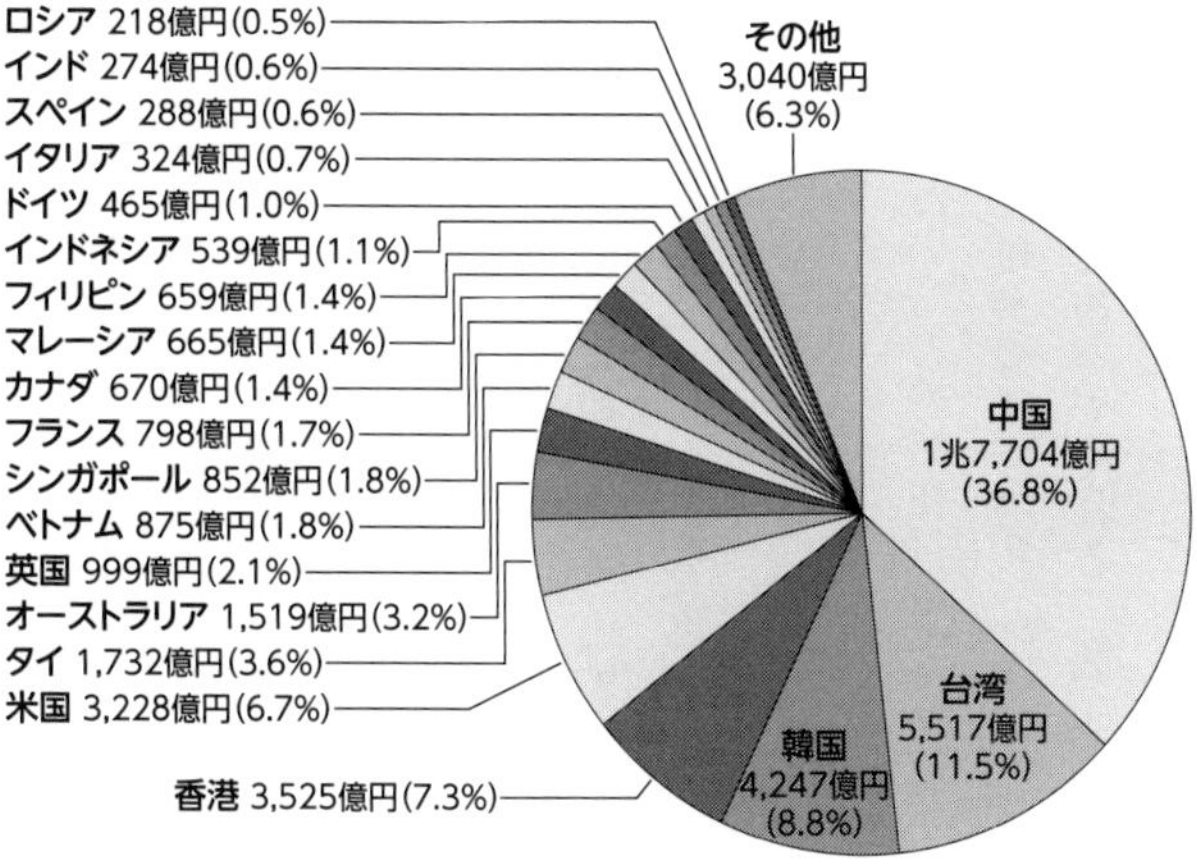

(出所)観光庁「訪日外国人消費動向調査」をもとに筆者作成

上を占めている。

訪日客の平均宿泊数は、８・８泊だった。ベトナムが36・１泊、フィリピンが20・９泊と上位を占め、仕事や技能実習で長く滞在する人が多いもようだ。「観光・レジャー目的」に限れば、平均宿泊数は６・２泊で、フランスが14・５泊でトップ。ドイツ（14・０泊）、イタリア（13・５泊）、オーストラリア（12・９泊）、スペイン（12・７泊）、英国（11・５泊）の順に多い。一方で、訪日客の「数」が多い韓国は３・３泊、中国は５・８泊で、平均を下回っている（**図表1－7**）。

旅行での１人あたりの消費額（クルーズ船を除く）は、オーストラリア（24・８万円）、英国（24・１万円）、フランス（23・７万円）の順に多かった。韓国は７・６万円で、最も低かった。

これらの数字から、アジア圏は訪日客の人数が多いが滞在日数は短く、１人あたりの消費額も低い。一方で欧米は人数が少ないものの滞在日数が長く、１人あたりの消費額が大きいという特徴が浮かぶ。当然の傾向ではあると思うが、遠くからはるばる日本に来てくれた観光客は長く滞在して、お金も積極的に使ってくれる。観光業界では、「欧米豪」というくくりで表現される。

図表1-7 「観光・レジャー目的」の訪日客の平均宿泊数(2019年)

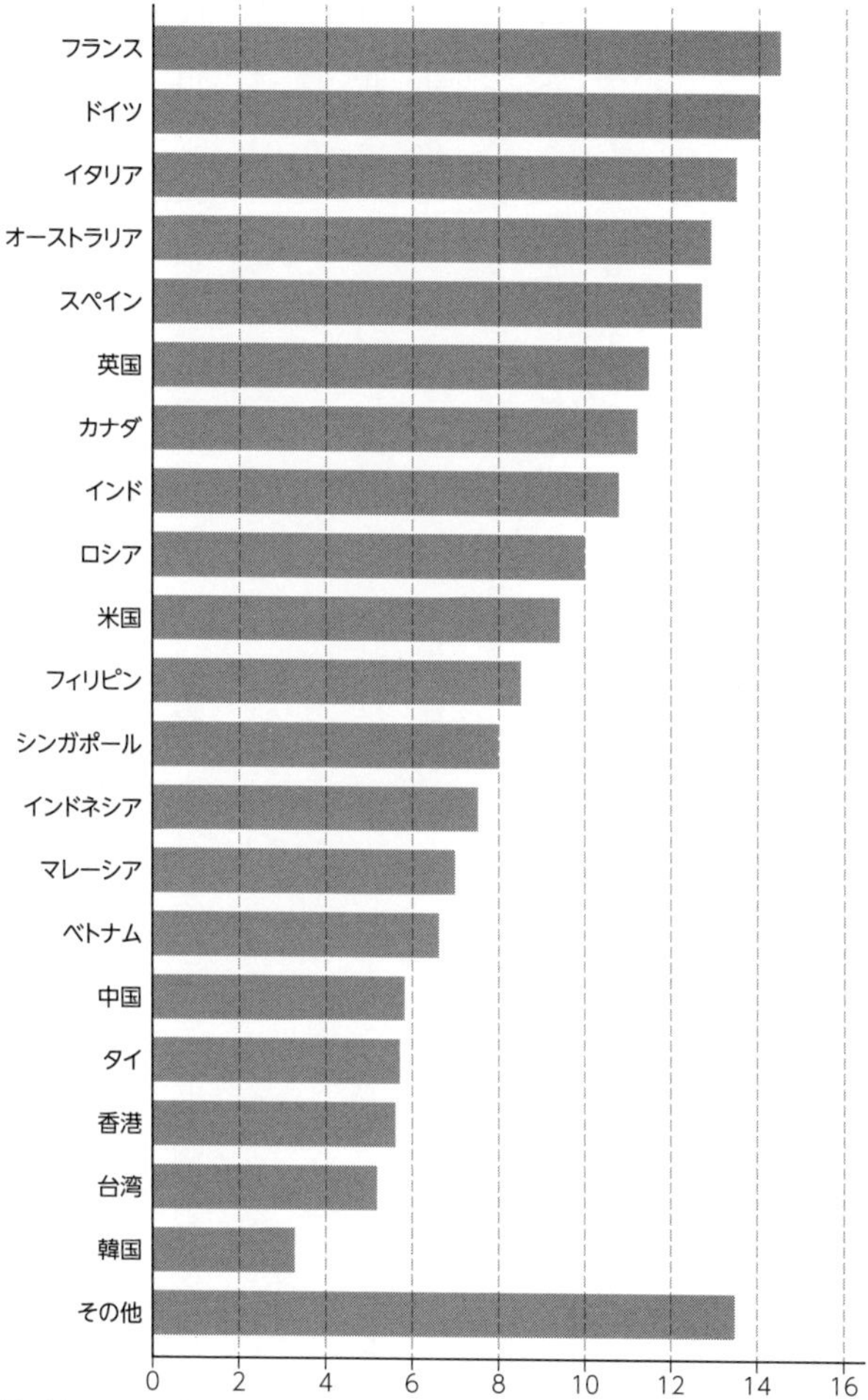

(出所)観光庁「訪日外国人消費動向調査」をもとに筆者作成

訪日客は、日本のどこに魅力に感じているのか。

観光庁の２０１９年の統計によると、訪日前に期待していたこと（複数回答）は「日本食を食べること」（69・7％）が最も多かった。２番目は「ショッピング」（52・6％）、３番目は「自然・景勝地観光」（47・0％）だ（**図表1－8**）。ちなみに、最も満足した飲食について尋ねると「肉料理」（26・7％）がトップで、「ラーメン」（19・3％）、「寿司」（15・6％）が続いた。

日本滞在中の体験について満足した人の割合は、「テーマパーク」（95・4％）、「日本の歴史・伝統文化体験」（94・9％）、「自然・景勝地観光」（94・7％）の順に多かった。

「自然」「文化」「気候」「食」の４つが観光立国をめざすうえで大切だと言われるが、実際に訪日客もこれらを楽しみにしていることが読み取れる。

コロナ後もこの４つを生かすことが観光振興のカギになりそうだ。

「リピーター×地方」の可能性

コロナ後の観光を考えるうえで、リピーターの存在も見逃せない。

観光庁は２０１７年、訪日客が多い中国、台湾、韓国、香港の４カ国・地域を対象にして、

図表1-8 訪日客が旅行前に期待していたこと(複数回答)(2019年)

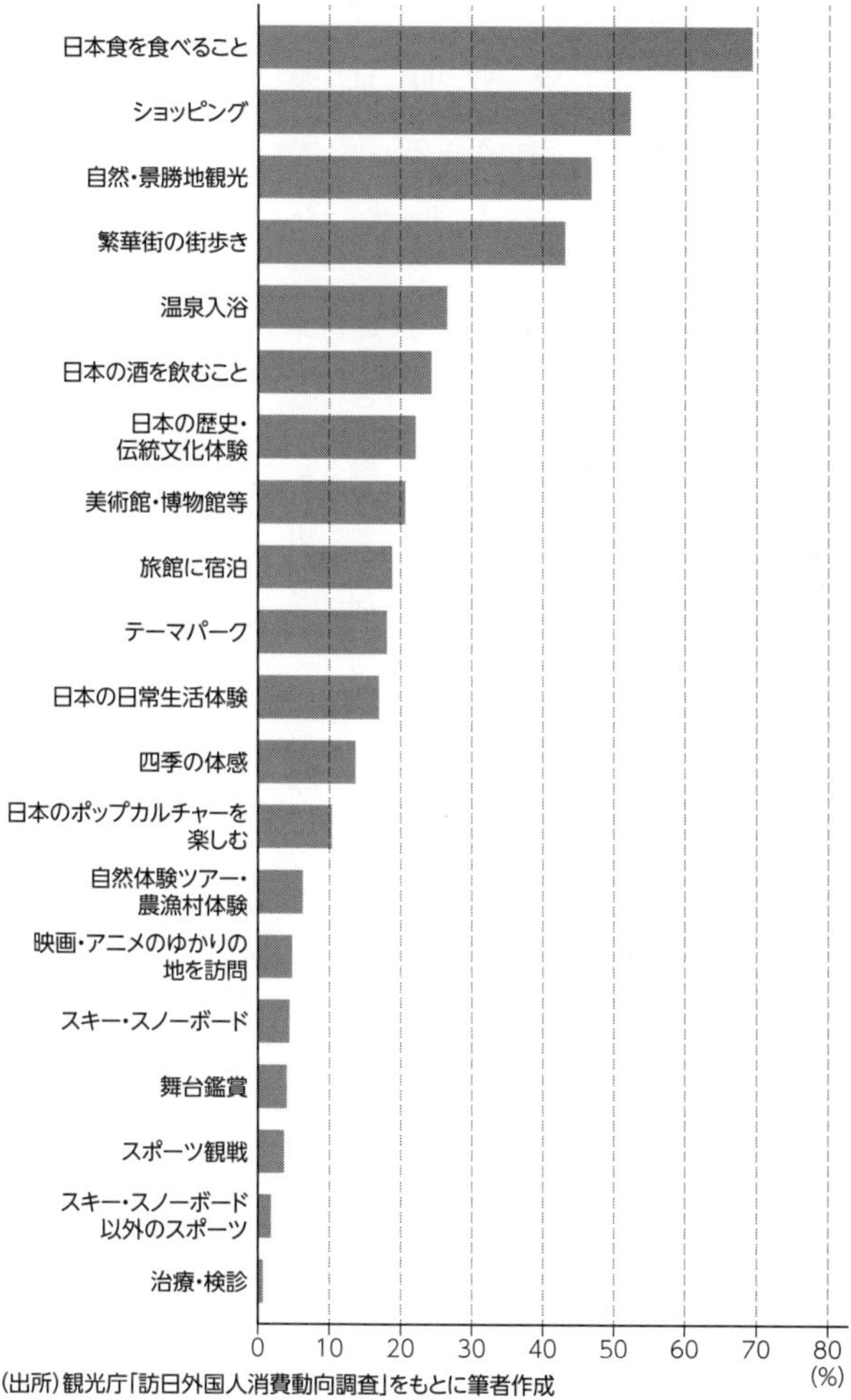

(出所)観光庁「訪日外国人消費動向調査」をもとに筆者作成

リピーターに関する調査をしている。

訪日客に占めるリピーターの割合は近年、6割前後で推移しており、大きな変化はない。ただ、訪日客数が増えているので、２０１１年に４０１万人だったリピーターは、２０１７年に4倍超の１７６１万人に急増している。

リピーターは、「１人あたりの消費額が大きくなる」「地方部を訪れる割合が高くなる」という2つの大きな傾向がある。この調査での「地方部」とは、東京、神奈川、千葉、埼玉、愛知、京都、大阪、兵庫の8都府県（＝都市部）以外を指している。

特に日本を10回以上訪れている「ヘビーリピーター」は、１回目の時と比べて、１人あたりの消費額が2～4割ほど高くなっている。

たとえば台湾を例にとると、ヘビーリピーターの「地方部」の訪問率は、初めて日本に来た人たちの1・5倍に上るという。韓国や香港も同じような傾向が出ているが、中国だけはほとんど変わっていない。中国は都市部での買い物（＝爆買い）が目当ての人が多かったとみられる。

世界経済フォーラムが観光地としての魅力について各国の競争力を比べた調査結果が２０２２年5月に発表され、日本は「世界一」になった。２００７年に調査を始めてから、初めての快挙だった。文化・自然の豊かさや交通インフラの充実が評価された。そうした状況を踏まえると、コロナ後も訪日客のリピーターは増え続けそうだ。

地域社会への「ひずみ」

ここまでみてきたように、訪日客には「高い消費額」や「需要の平準化」が期待できる。今後はリピーターもさらに増えると見込まれ、地域にとっては「稼ぐチャンス」が広がる。「自然」「文化」「気候」「食」を生かした受け入れの準備が欠かせない。

一方で、課題も整理しておく必要がある。コロナ前には訪日客が急速に増えたことで、地域社会に「ひずみ」をもたらした。

その代表例が、観光公害だ。観光客の急増によってポイ捨てされるごみが増えたり道路が混雑したりして、地域住民や自然などに悪影響が生じることを意味する。

当然のことながら、これらは訪日客だけがもたらすわけではない。観光地でのごみのポイ捨てなどは、訪日客が少なかった頃から問題になっていた。騒音についても、「むしろ日本人の方がうるさい」（関西の民泊経営者）という指摘もある。

ただ、外国人は日本のマナーや習慣に不慣れなこともあり、地域との摩擦が生じやすいのも事実だろう。いくら経済効果が大きくても、地域に受け入れられなくなれば、持続的にビジネスをするのが難しくなる。

　コロナ前に訪日客でにぎわった商店街の幹部に２０２２年5月、電話で話を聞いた。匿名を条件に、複雑な心境を打ち明けてくれた。

「インバウンドが多かった時期は、商店街全体の売り上げが10倍ぐらいになっていたと思います。それは正直ありがたかったのですが、昔から通ってくれた地元のお客さんは離れていきました。『日本人をないがしろにしている』『外国人からお金をぼったくっているのではないか』といった苦情の声も寄せられました」

　串焼きなどを売る店は、ブランド牛の名前が大きく書かれた看板を店先に掲げていたが、ブランド牛を使っていない商品も同時に売っていたという。訪日客らがブランド牛だと勘違いして買うこともあり、店の「モラル」に批判の声が強まった。習慣の違いからトイレットペーパーを流さない訪日客もいて、問題になった。

　訪日客の経済効果には、もちろん期待しているという。ただコロナ後は、地域との摩擦をできるだけ減らしながら商売をする方向に、舵《かじ》を切りたいと考えている。日本人から支持されないと、コロナ禍のようなことがあって国境が閉じた時に、商店街が存続できなくなる恐れもあると痛感したからだ。

商店街の幹部は「うまくいくかは分かりませんが、訪日客が戻った時には、日本人限定で割引クーポンを配ることも考えています。ごみの収集も、コロナ前以上に積極的にやっていこうと思っています」と話した。

人気観光地の偏在

コロナ前は、観光客の「偏在」も課題だった。一部の人気観光地での観光公害につながった要因でもある。

2019年の都道府県別の訪日客数は、東京の1410・3万人（1人あたりの消費額は10・9万円）が最も多い。2位が大阪の1152・5万人（同7・3万円）、3位が千葉の1048・5万人（同1・6万円）、4位が京都の830・1万人（同3・4万円）、5位が奈良の349・5万人（同0・8万円）だった。

東京や大阪は、外国人の1人あたりの消費額が日本人より約4～5倍も高い。高級ホテルなどが多いこともあって消費が増え、訪日客の恩恵を大きく受けている。

一方で訪日客が少ない順にみると、1位が高知の5・8万人（同4・9万円）。2位が福井の6・4万人（同3・2万円）、3位が島根の7・0万人（同3・1万円）、4位が徳島の8・9万人（同3・3万円）、5位が福島の9・8万人（同4・4万円）だった。

人口減が深刻な地域では、訪日客の「数」「1人あたりの消費額」のどちらでみても、まだまだ恩恵が少ないことが分かる。受け入れることができる「数」は大都市にはかなわないと思うが、消費額を高める工夫は必要だろう。

そもそも、観光立国を掲げたのは、人口減で苦しむ地域経済を底上げするという狙いが大きかったはずだ。

ある大手ホテルの経営者も「観光立国というのは、地域の工場が海外に移転したかわりになるような、新しい産業基盤をつくるために掲げられました。コロナ前は観光立国がうまくいっているかのように見られていたが、（地域経済の底上げをめざした）当時の定義とは違っている部分もあり、まだまだ課題は大きいと思います」と話す。

観光立国2.0

ここまでに観光業のコロナ禍での苦境や、コロナ前の状況を紹介した。ではそれらを踏まえ、コロナ後のあり方をどう考えれば良いのか。

２０２１年12月。ある関西財界の幹部が大阪市内で個別インタビューに応じ、次のような考えを語ってくれた。

「コロナ前のように訪日客の『数』を追っていたのが『観光立国1.0』だとしたら、これからは『観光立国2.0』『インバウンド2.0』みたいな発想が必要だと思います。日本は本当に良い観光リソース（資源）があるけど、課題もありました。地元にお金が落ちなかったり、住民に迷惑をかけたりすれば、サステナブル（持続可能）な観光ビジネスにはならないと思います。コロナのような感染症や国同士の関係悪化で海外との行き来がなくなる可能性も、考えておかないといけないでしょう。いくらもうかるといっても、中国に頼り切りの観光では危険です」

「観光のクオリティーも当然上げないといけないと思いますが、そのうえでちゃんと価格転嫁して、それなりの対価をいただくことも必要でしょう。安さで競争するビジネスモデルがあっても良いと思いますが、みんながみんなそれでは、もったいないと思います。産業として発展しません」

筆者もこの意見には、深くうなずいた。

訪日客の大半を占める個人旅行

まず大前提として、これからの日本経済・社会を考えた時に、訪日客を呼び込んで「観光立国」をめざすことは重要だと思う。

観光業は、裾野がかなり広い産業だ。ここまでに通訳案内士、バス会社、ホテル、旅館を取り上げたが、そのほかにも関係者が多岐にわたる。

たとえばホテル・旅館の料理には地域の野菜や魚も使われるので、農林水産業は関わりが深い。客室のシーツを交換するクリーニング業者、歯ブラシやカミソリの製造業者、工芸品などの土産物店、移動する時に利用する鉄道、飛行機、タクシーなども観光には欠かせない。

奈良県の土産物店主は「観光と全く関係がないという会社は、ほとんどないのではないか。特に中小企業が多い地方経済にとっては、存在感が大きいです」と話す。兵庫県の旅館経営者は「うちは30室ほどの小さな宿ですが、リネン業者や酒屋、食料品会社など約30社と取引があります。お土産ひとつを考えても、せんべいが売れなければ製粉業者に影響が及びます。災害時などの避難場所になっている施設も多いので、倒産や廃業が増えれば地域経済・社会に悪影響が広がると思います」と指摘する。

「観光は安定して収益を上げるのが難しい『水もの』なので、期待しない方が良い」という声も聞く。たしかにその側面はあるが、多くの外貨獲得が見込める産業でもある。「観光は産業が乏しい国が頼るものであり、日本は技術立国をめざすべきだ」と話す人もいるが、技術立国と観光立国の一方しかめざせないわけではない。コロナ禍や円安を受けて工場などの「国内回帰」の動きも強まっているが、観光立国を否定する理由にはならない。

　コロナ禍での倒産件数は抑えられたが、観光業はかなり疲弊している。倒産しなくても債務は膨らんでおり、実質無利子・無担保で借りた融資も返さないといけない。返済はこれから本格化する見通しだ。

「銀行からこれ以上の融資を受けるのは難しい」（和歌山県の旅館経営者）、「緊急事態宣言がもう一度出るようなことがあれば、経営が持たない」（兵庫県の旅館経営者）、「このままだと倒産の波が来る」（関西の民泊経営者）といった声も出ている。

　飲食店に時短営業などを求める「まん延防止等重点措置」が２０２２年３月に全国的に解除されてからは、国内観光客が増えている。神奈川県鎌倉市などの有名観光地では、日本人だけに限れば、コロナ前よりも多い時期もあるという。６月からは訪日客のパッケージツアーの受け入れも始まった。

　問題は９月上旬時点で、訪日客の個人旅行が「解禁」されていないことだ。

観光庁の２０１９年の統計をみると、訪日客が旅行を手配した方法は、航空会社や宿泊場所などに自ら予約を入れる「個別手配」（＝個人旅行）が76・６％で最も多かった。旅行会社などが企画した「団体ツアー」への参加が16・９％で、航空券や宿泊がセットになった「個人旅行パッケージ」の利用が６・５％だった。

つまり、訪日客の大半を占めている個人旅行が認められないと、観光業はコロナ前の状態に回復できない。２０２２年６月に観光目的の訪日客の受け入れを再開した後も、１日あたりの入国者数は２万人に制限された。９月から５万人に緩和されたが、訪日客にビザ取得を義務付けるなど、日本を訪れるハードルは依然として高い。

日本政府観光局によると、７月の訪日客数（推計値）は14万４５００人。コロナ前の２０１９年７月（２９９万人）と比べて95・２％減という低水準で、１日あたりに換算すると５０００人弱にとどまっている。ちなみに、２０２２年７月に「観光目的」で入国した訪日客はわずか７９０３人。１日あたりで、２５０人ほどだ。

欧米ではすでに観光が本格化している。訪日客の受け入れ拡大が遅れれば、日本に行きたかったのに他国へ旅行する「ジャパン・パッシング」が深刻化してしまう。

２０２２年は円安も進んでおり、旅行先として日本の魅力は増している。「ウィズコロナ」

をめざす方向に舵を切った以上、訪日客の受け入れをさらに進めて、観光業の復興につなげるべきだろう。一方で、感染症法上のコロナの扱いを変えて受診できる病院を増やすなど、医療体制の再検討も求められると思う。

ポストコロナの3つの戦略

観光業を復興させる一方で、コロナ前の課題に向き合うことも重要だ。これまでの取材を踏まえて、筆者は3つの視点が欠かせないと感じている。

1つ目は、地域観光のてこ入れだ。ここまでに述べた通り、コロナ前には一部の有名観光地に訪日客が集中しすぎていた。人口減で苦しむ地域を支えるという、観光立国の本来の目的を見つめ直すことが重要だと思う。今後もリピーターが増えると見込まれるため、これまで訪日客の恩恵が乏しかった地域にもチャンスが広がっている。

ちなみに、「地方」ではなく「地域」という表現を使っているのは、コロナ前に訪日客が殺到した東京都や大阪府のなかにも活力の低下が続き、より多くの観光客を呼び込みたい地域はあるからだ。

全国の観光関係者を取材するなかで、「地域が稼げるようにならないと、若者の流出が止まりません」「『伝統産業』という言葉の響きは良いが、『伝統』を伝えるだけの存在になってはダメ。収益を生む『産業』でないと、未来に残せないと思います」といった声を数多く聞いた。

観光客を受け入れる施設が大都市より少ない地域が大半だという実態も踏まえると、サービスの付加価値を高めて単価を上げることが重要だと感じる。政府は2030年までに年間の訪日客数6000万人、つまりコロナ前の約2倍にするという目標を掲げているが、観光客の「数」を重視しすぎると観光公害を招く恐れもある。

もちろん、「安さが売り」の施設も含めていろんなサービスがあるのが自然だが、地域全体の方向性としては「高付加価値・高単価」をめざすことが大切だと思う。「薄利多売」に重点を置くと価格競争に陥りやすいため、設備投資に回すお金が残りにくい。また多くの商品・サービスを売り続ける「自転車操業」でないともうからないので、コロナ禍のような状況になれば、一気に苦しくなる。

観光庁の分科会が2020年にまとめた報告書も、地域の旅館の現状について「投資の停滞により施設が老朽化し、サービス改善もなされず、客単価が低い水準にとどまる『負のスパイラル』に陥っている」と指摘する。

訪日客が求める「自然」「文化」「気候」「食」の資源は、各地にたくさんある。すでに紹介したように、日本は観光の魅力度で世界一になった。円安も進むなか、地域にお金が落ちる工夫を改めて考えるのが重要だと感じる。

2つ目は、観光公害への対策だ。「経済的利益」と「社会的損失」のバランスは、地域の協力を得ながら観光業を発展させるために欠かせない。最近は「サステナブルツーリズム」(持続可能な観光)の重要性がさけばれるようになった。

観光公害はいつ、どこで起こるか分からない。たとえば第3章で取り上げる埼玉県の河原では、コロナ禍になって問題が深刻化した。ツイッターやインスタグラムなどのSNSが発達した影響で、突如として人気スポットが生まれることも増えている。

対策としては、観光客の「質」と「数」の両面から考える必要があると思う。「質」という表現は適切ではないかもしれないが、地域の文化や習慣、考え方を広く理解してもらうということだ。第3章で詳述するが、啓発は一定の効果がすでに確認されている。「数」を制限する方法は有料化や予約制などいろいろ考えられる。観光公害の状況は地域によって異なるので、各地の事例を踏まえてそれぞれに適した手段を考えるのが重要だろう。

3つ目はデジタル化やSDGs(持続可能な開発目標)への貢献など、「新たな潮流」への対応だ。

事業の改革はどの時代でも求められると思うが、コロナ禍によって社会全体のデジタル化が進んだ。観光業は生産性の低さが問題になっていることを踏まえても、デジタル化の取り組みは欠かせない。また近年はＳＤＧｓの達成につながる取り組みが、企業のブランド価値の向上につながる時代になった。ＳＤＧｓの視点から事業を見直すことも大切だと感じる。「新たな潮流」という意味合いでは、２０２５年には「大阪・関西万博」が開かれ、２０２０年代後半には、ＩＲが開業する可能性もある。いずれもコロナ後の観光業に与える影響が大きい動きなので、官民の最新の動きを紹介したい。

以上のような問題意識で、それぞれのテーマを掘り下げていきたい。

まずは次の第2章で、地域観光のてこ入れについて取り上げる。焦点を当てるのは、「ホテル・旅館の整備」「観光資源の強化」「ガイドの育成」の3つだ。「ホテル・旅館の整備」は、多くの地域で課題になっている。付加価値が高く、地域が稼げる宿のあり方について考える。「観光資源の強化」は各地でいろんな取り組みが進んでいるが、本書では「お祭り」と「ローカル鉄道」に注目している。「ガイドの育成」については、資格を持たなくてもスキルが高いガイドを育てようとする動きなどを追った。

第2章

地域の価値を高める

無人駅がフロント、農家がコンシェルジュに

東京都西部の山間部にある、ＪＲ青梅《おうめ》線の鳩ノ巣《はとのす》駅（奥多摩町）。２０２２年６月、地域の事業開発を支えるコンサルティング会社「さとゆめ」（東京都千代田区）の嶋田俊平社長は駅前の広場で、地元住民や報道陣に意気込みを語った。

「無人駅が有人駅になったという画期的・歴史的な瞬間にみなさんいま、立ち会っていただいています。単なる宿泊業ではなく、全国に広がる鉄道沿線の活性化モデルをつくろうという思いで事業を進めています」

「新たな人の流れと活気を生み、地域を動かすほどのインパクトを生み出していきたいと考えています」

嶋田さんはＪＲ東日本と手を組み、「沿線まるごとホテル」という事業に乗り出した。これまで無人駅だった鳩ノ巣駅をホテルの「フロント」として活用し、駅周辺のいくつかの古民家などを「客室」として整備する。地域のワサビ農家らを「沿線まるごとコンシェルジュ」に任命し、収穫ツアーやホタル観賞会などを開く。

鳩ノ巣駅の駅舎はホテルの開業まで、地域住民らとの会議やワークショップを開くための事務所として活用する。スタッフが駐在するため、「有人駅」に生まれ変わった。

JR 鳩ノ巣駅の外観

ローカル線の沿線一帯をホテルに見立てようとする試みは、全国でも珍しい。２０２３年度に開業し、数年後までに5～8棟の宿泊棟を整備したい考えだ。将来的にはＪＲ東日本管内の約30地域でも、同じようなホテルを開きたいという。

ＪＲ青梅線の青梅―奥多摩間は13駅のうち、鳩ノ巣駅を含めた11駅が無人駅で、沿線では人口減が進んでいる。２０２０年の国勢調査によると、鳩ノ巣駅がある奥多摩町の人口は４７５０人。５年前と比べて、９・２％減った。

町内で生まれ育った70代女性は「最近は『お年寄りのまち』になって、活気はないですね。山にキャンプに来る人は多いですけど、食材は都心などで買って持ってくるので、地域にはほとんどお金は落ちていないと思います。閉店するお店が多く、（まちの未来は）

厳しいかなと感じます」と話した。

そんななかで立ち上がったのが、ホテルの計画だった。観光客を呼び込むことができれば、地域経済の底上げにつながる。

嶋田さんらは２０２１年、沿線まるごとホテルの収益性などを分析するため、１カ月半にわたって実証実験をした。

参加者は青梅線の白丸《しろまる》駅で降りて周辺をめぐり、奥多摩町と隣接する山梨県小菅《こすげ》村の宿泊施設「ＮＩＰＰＯＮＩＡ　小菅　源流の村」に泊まった。２日目に都内へ戻り、奥多摩駅で解散した。この１泊２日ツアーは１人あたり２万７０００円だったが、１８０人の予約枠が完売したという。当然ながら実証実験だけの効果ではないが、期間中の白丸駅と奥多摩駅の利用者が前年比で１～３割増えるという結果も出ている。

嶋田さんは「イベントやキャンペーンは、予算がなくなると終わってしまう。継続的な事業をつくることで、鉄道沿線の認知度を高めたい」と話す。

「７００人の村」がホテルに

嶋田さんは１９７８年生まれ。京都大学の大学院で森林科学を学び、まちづくりや環境保全を専門にするシンクタンクに就職した。

コンサルタントとして地域の事業開発を支えたが、開発の計画をつくった後には地域との関係が薄れてしまいがちな状況に疑問を感じたという。地域が発展できるまで継続して支える「伴走型コンサルティング」に取り組もうと、２０１２年に「さとゆめ」を立ち上げた。「多くの人が知らない村やまちで観光産業をつくり、ビジネスを成り立たせることに執念を燃やしている」と語る。

沿線まるごとホテルの計画を始めるきっかけになったのが、小菅村での経験だった。２０１４年から村の活性化の支援に携わり、「道の駅こすげ」の開業に向けた準備にも取り組んだ。

道の駅のイタリアンレストランはジビエなど地元産の食材を使った料理を出して人気になり、首都圏から訪れる人が増えた。村を訪れた延べ観光客数は２０１４年に約8万人だったが、２０１８年には約18万人と2倍以上に増えている。

だが、小菅村は依然として日帰り客が大半の観光地だった。

繰り返し地域を訪れて長く滞在してくれる観光客を増やすことが、地域経済を上向かせる近道ではないか――。そんな思いでたどりついたのが、沿線まるごとホテルの実証実験でも使った「ＮＩＰＰＯＮＩＡ　小菅　源流の村」の開業だった。

コンセプトは、「７００人の村がひとつのホテルに」。急斜面の崖のふちなどにあった古民家４棟を改修して、２０１９年から１つの宿泊施設として運営し始めた。フロントが１つで、宿泊棟が地域に点在する「分散型ホテル」と呼ばれる業態だ。

コンビニも鉄道の駅もない小さな村でホテルを成功させるには、村民を巻き込んで運営することが欠かせないと考えた。宿泊客をホテルへ送迎する運転手を任せたり、村民がつくる饅頭を客室に置いたりした。道の駅のレストランの成功体験を踏まえ、「食」にもこだわった。地域の生産者らと契約して、キノコやイワナなど旬の食材を使う。

「さとゆめ」などが出資するホテルの運営会社は本社を小菅村に置き、従業員も大半は村民が占めている。１人あたりの宿泊料金は、約３万円。そのうち、４～５割は従業員の給与などとして村内に還元されているという。

暮らしそのものを編集

古民家ホテルの可能性について、嶋田さんは次のように話す。

「ホテルは地域の『衣・食・住』、つまり暮らしそのものを編集して、お客さんにプレゼンテーションをすることができます。有名な観光地ではない地域で人気のホテルをつくるには、『ライフスタイルホテル』でないといけないのだと思います。小菅村の暮らしはこんなにおしゃれで、都会とは違う楽しみ方ができる。そんな『あこがれ』を疑似体験することができ、地域そのものをブランディングできるホテルです」

「『衣・食・住』をつくり込んだ高付加価値のホテルをいろんな地域につくることで、土地の価値を上げることができます。土地の価値が上がるというのはまさに地方創生、地域振興だと思います」

「ＮＩＰＰＯＮＩＡ　小菅　源流の村」の宿泊客は30〜40代が約半数を占め、20代も２割に上るという。約３万円という高めの値段でも、多くの若者が訪れる。

コロナ前には台湾、香港、カナダ、米国、英国などから訪日客も泊まりに来た。訪日客は宿泊者全体の10%に満たなかったが、「日本に来るのが5回目や10回目というリピーターの人は『有名観光地は飽きた』と言って、小菅村に泊まりに来てくれていました」と振り返る。東京五輪・パラリンピックが開かれる予定だった２０２０年には、宿泊者の日本人と外国人の比率が半分ずつになると考えていた。

古民家は日本の伝統・歴史を感じることができ、写真映えもする。「ＮＩＰＰＯＮＩＡ

小菅　源流の村」について海外の人がＳＮＳで発信した情報が、何万回もシェアされたこともあるという。

嶋田さんは子ども時代、インドなど海外で10年間過ごした。海外と日本の両方の生活を経験したことで、自然や文化が豊かな日本の魅力に気づいたという。「海外の人が泊まりに来てくれることで、（地域の人たちが）日本の良さを再認識するきっかけになって欲しいという思いもあります」と話す。

分散型ホテルの可能性

筆者が分散型ホテルに注目しているのは、地域が一体となって観光業を底上げできるからだ。

ホテルの施設が地域に点在しているため、フロント棟から客室棟に歩いて向かう途中で地域をめぐり、土産物店などに足を止めてもらえる可能性が高まる。地域の飲食店などの情報が書かれた「パスポート」をチェックインの時に宿泊者全員に配り、そのお店で買い物をした人たちに「コーヒー１杯無料」などのサービスを提供する施設もある。宿泊回数が増えると、より多様なサービスを受けることができる。

アーケード商店街などにある町屋7棟を生かして２０１８年に開業した「講　大津百町」（大津市）は、フロント棟から最も遠い客室まで約５００メートル離れている。朝と夕方には商店街をめぐる無料のツアーを開いたり、宿泊者全員に地域の飲食店などを紹介する冊子を配ったりして、消費が増えるよう促す。

ホテルを開発した谷口工務店（滋賀県竜王町）の谷口弘和代表は「商店街ホテルなら町屋の活用と地域活性化をどちらも実現できると考えました。全国の商店街の活性化のモデルにしたいと思っています」と話す。かつて宿場町として栄えた大津市には歴史あるまち並みが残っているが、コロナ前の市の調査によると、約１５００棟ある町屋の約1割が空き家だったという。

分散型ホテルは1棟貸しの客室が多いので施設内ではほかの旅行者と接触せず、「3密」を避けることもできる。もともとある古民家などを生かすため、大型ホテルを建てるより投資は少なくて済む。一つひとつの建物が小さくても、いくつかをまとめて宿泊施設として運営することで利益を上げやすくなる。

古民家で日本の歴史を感じたい若い世代や訪日客からも人気が高まっているため、「ＮＩＰＰＯＮＩＡ　小菅　源流の村」のように約3万円という高めの料金設定でも一定の需要が見込める。「薄利多売」ではない売り方ができる魅力がある。

分散型ホテルの情報を集めていると、「ＮＩＰＰＯＮＩＡ」という名称がつく宿泊施設がよく目にとまる。

この宿泊施設を全国で開発しているのが、兵庫県東部の丹波《たんば》篠山《ささやま》市に本社を置くベンチャー企業「ＮＯＴＥ」。丹波篠山市の人口は約４万人。黒豆の産地としても知られ、篠山城跡など歴史的なまち並みが残っている。

本社で働いている藤原岳史社長を訪ね、会社を立ち上げた経緯や古民家を生かした宿泊施設への思いを聞いた。

「ＩＴの力で地域に貢献」はできず……

藤原さんは１９７４年、兵庫県今田《こんだ》町（現在の丹波篠山市）で生まれた。高校までは地元にいたが、大学時代は山口県で過ごし、卒業した後は東京都内のＩＴ企業などでおもに市場調査を担った。

情報通信の力で、人口減などが進む地域に貢献できると思ったが、取引先の９割は東京か大阪だったという。帰省のたびに、なじみの店が廃業したり空き家が増えたりするのを目《ま》の

株式会社NOTEの藤原岳史社長

当たりにした。「このままだと、まちがなくなる」という危機感を抱き、30歳を過ぎて地元へ戻った。

まちおこしに取り組む一般社団法人「ノオト」の立ち上げに加わり、理事として働き始めた。

夕暮れ時にすべての家の明かりがともる光景をまたみたい——。限界集落で聞いた住民の声をヒントに、空き家だった古民家を宿泊施設として再生させた。

だが、課題にも直面したという。当時の法律ではホテル・旅館は各棟にフロントを設ける必要があり、ホテル・旅館の基準を満たさない簡易宿所なら、洗面台の増設などが必要なケースも多かった。

「改修しすぎると、そのままの古民家の魅力を生かせない」。そんな思いから国家戦略特区を活用し、分散型ホテルの「篠山城下町ホテルＮＩＰＰＯＮＩＡ」を２０１５年に開いた。各棟にフロントを設けない代わりに、緊急時には宿泊者からの連絡を携帯電話で受け、従業員が10分以内に駆け付けられる体制を整えた。

２０１８年の法改正で、各棟のフロント設置などが絶対条件ではなくなった。複数の古民家を１つのホテルとして運営できるようになり、分散型ホテルの普及につながった。

一方で、古民家は刻一刻と取り壊されている。資金集めや民間企業との連携を進めて古民家を守るため、２０１６年に株式会社「ＮＯＴＥ」を立ち上げた。一般社団法人「ノオト」は宿泊施設を開く地域の調査などを担い、株式会社とは役割を分担している。

藤原さんは次のように話す。

「全国各地に古民家再生の取り組みがありますが、ボランティア活動が多く、補助金が出ないと続かないケースもあります。これでは持続可能ではありません。また古民家は４棟以上を一体的に運営しないと、利益は出にくいです」

「会社として成功することで、競合企業にも出てきて欲しいと思っています。僕たちだけでは残せる古民家の数に限界があります。競合企業がいれば産業になり、もっと良い活用法、修復法が出てくるかもしれません。収益が出て、なりわいとして根付き、古民家再生によるまちづくりという『業界』で働きたい人を増やしたいと考えています」

ＮＯＴＥは地域のディベロッパー（開発者）なので、空き家になった古民家を借りて、活用法や改修の方向性を考える。改修した後は事業者や地元住民などに転貸して、運営を任せる仕組みだ。

２０２２年８月時点で、北海道から沖縄まで全国31地域でＮＩＰＰＯＮＩＡの宿泊施設を展開している。土産物店などでの活用も含め、再生させた古民家は１６５棟に上るという。

古民家の改修は最小限にとどめている。藤原さんの案内で「篠山城下町ホテルＮＩＰＰＯＮＩＡ」のフロント棟に行くと、古いおくど（かまど）が残り、壁についた「すす」や雨もりの跡はそのままだった。

「耐震化したり壊れた部分を直したりはしますが、なるべく古民家本来の姿を残そうと考えています。補修しすぎると、きれいな『和風のホテル』になります。５００年や１０００年続く祭りや民謡も、時代に合う形で少しずつ変化していきます。古民家も１００％もとの姿で残すのは難しいですが、ＤＮＡや魂は引き継ぐ形で後世に残したいです」

唯一無二の古民家

ＮＯＴＥによると、おもに戦前につくられた歴史的な建造物は全国に約１５０万棟あるといわれている。そのうち、国宝、重要文化財、登録有形文化財になっているのが約１万６０

００棟だ。９割以上は朽ちるのを待つか、使い続けるしかないという。損壊状況がひどくて維持するのが難しい古民家も多いが、肌感覚としては全体の２割にあたる約30万棟は活用できそうだと考えている。ＮＯＴＥが開発したり改修を支えたりする建物としては、将来的には３万棟ほど残したいという。

　古民家を生かす意義はどこにあるのか。藤原さんは次のように話す。

「古民家は一つひとつ造りが異なり、同じ建物は二度とつくれません。酒蔵なら酒蔵、茶屋なら茶屋として最適な造りになっています。当時の暮らしや仕事を感じ、その地域に『移住』した気分を味わえます。友達同士などで泊まりに来ると、他の人がどんな古民家に泊まるかが気になって見に行く人も多い。ビジネスホテルではみない光景です」

「宿泊施設ができれば、単に古民家がきれいになるだけでなく、地元の経済にさまざまな波及効果があります。改修を担う工務店や宿で働く人の雇用を確保し、ホテルで出す料理には地域の食材を使うことができます。宿泊してもらうことで地域での滞在時間が長くなり、地元商店にお金が落ちます。若者が地方から出ていく理由は単純で、仕事がないからです。ただ、田舎の農村地帯で大きな工場をつくるのは難しいのが現実です。古民家再生なら工場より投資は少なく、働く場所を手早くつくれます」

「1日に何百人もその地域に行かなくても、何組かが泊まるだけで地域は継続できる可能性があります。人口減によって廃村が増えるのは仕方がないという意見もありますが、それと同時に地域の祭りや野菜、伝統的な料理なども失われてしまいます。古民家再生を通じ、先人が紡いできた日本の暮らしを残したい。地方が元気になれば、都市との間で人の行き来が生まれて商売のチャンスも増え、結果的に都市もうるおいます」

ＮＩＰＰＯＮＩＡの稼働率は施設によって差があるが、コロナ禍でも3～4割を保つケースが目立ったという。3～4割という稼働率は低いと感じるかもしれないが、ＮＯＴＥが施設を開発する時には、3～4割の稼働率なら事業費を10～15年で回収できるよう逆算している。つまり、コロナ前に設定した「目標値」を、コロナ禍でも保つことができた。

たくさん売り続けないと利益が出ない「自転車操業」ではなく、付加価値が高いサービスを提供して価格を引き上げることで、コロナ禍でも施設は存続した。ＮＯＴＥの事業には、地域の宿泊業のあり方を考えるための示唆が詰まっているように思う。

ＮＯＴＥは宿泊施設を増やすための営業活動はしておらず、地域からの相談を受けて開発を考えているという。ニュータウンなどは事業の対象にならないが、ほかは特に条件はない。観光資源はどの地域にもあるので大丈夫だと考えているからだ。

「『うちの地域には何もない』という話をよく聞きますが、祭り、ヒグラシの声、虫の音色、夜の暗闇などでも良いのです。都市が高度経済成長で失ってしまったものであり、旅行者には魅力的に映ります。高級リゾート並みのサービスは提供できませんが、古民家での宿泊自体がほかにはない体験です」

「コロナ禍で都市での生活リスクが浮き彫りになり、『密』ではない地方の可能性も評価されています。地方の課題は一朝一夕には解決できません。『できること』を拾い上げて、衰退が続く地方を元気にしたいと考えています。コロナ前に宿泊してくれた訪日客は全体の1割ほどですが、リピーターは日本の原風景を見たい人が多い印象があります。コロナが落ち着けば、海外へのＰＲも強化したいです」

文化体験としての「宿坊」

分散型ホテルのほかにも、付加価値が高い宿を地域につくる動きが出ている。

その一例が、世界文化遺産の高野山《こうやさん》（和歌山県高野町）に約50施設あるという「宿坊《しゅくぼう》」だ。宿坊は参拝者らのためにお寺などに設けた宿泊施設。高野山はコロナ前に外国人が殺到し、宿坊などの宿泊者の約半数を占めた。古民家と同じように宿泊自体が「文化体験」になって付加価値を生むため、人気が高まっている。

ある宿坊で働く女性が2022年5月、高野山で取材に応じてくれた。

「海外の人は3日ぐらいの連泊はざらにあります。2週間ほど滞在して、ずっと高野山を回っているキプロスやイギリスの方もいました。日本人の観光は『スタンプラリー的』で、分刻みのスケジュールで動き回ることが多いですが、海外の人は静かにのんびり過ごすのが好きな人が目立ちます」

「1人で5連泊してくれたイタリア人の男性に、最終日にお話を聞くと、『満足です。心豊かに過ごしました』とおっしゃっていました。何をするでもなく、鳥の声を聞いたり、庭をながめたり、ぶらぶら歩いたりしていたそうです。朝のおつとめには必ず出られます。日常性からの乖離というか、心が解放されて豊かになったそうです。ドイツの方も同じような話をされていました」

　外国人が増えた一方で、集団で泊まる日本人の参拝者は減っているという。そんな状況を踏まえ、個人客が「ゆったり過ごせる部屋」を増やそうと10年近く前から改装を続けている。ベッドを置いたり、部屋にお風呂をつくったり、庭がみえるように縁側をはりだしたり。これまで売っていた1泊2食付きで1人あたり1万円ほどの部屋も残すが、1泊6万円を超える高級な部屋もつくろうと考えている。

　そうした部屋は、外国人の利用だけを想定しているわけではない。

「日本人は高度経済成長を経験するなかで、新しいものが良いものだ、きれいな旅館が良いものだという価値観に変わりました。でも高度経済成長が行き届き、10年ぐらい前からは少しずつ、逆に日本文化を知ろうという流れになってきたように思います。海外の人が高野山が好きなので、日本人も気になりだした。つまり『逆輸入』です」

「コロナの影響があったのかは分かりませんが、高野山でゆっくり過ごす日本人の方も増えているように思います。そういう方には、お時間が合えば高野山の歴史などをお伝えすることもできます。高野山は鳥の声で目覚め、静けさのなかで『もや』があけるのをみるだけでも、価値があります。多くの日本人の方にも、滞在していただけると嬉しいです」

　宿坊はお寺でないと開設できないので、すべての地域が参考になる事例ではない。ただこの女性の話から、特に欧米からの訪日客には、多くの観光スポットめぐりができなくても、満足してもらえる可能性が高いことが分かる。「何もしないでゆっくり過ごす」という休暇を求める人も多いと認識することは、地域の観光を考え直すヒントになりそうだ。

　少し話がそれるが、お寺はそもそも、宿坊ビジネスを強化する必要があるのか。そんな疑問に対して、数年前に宿坊を始めた西日本のお寺の僧侶が、次のように説明してくれた。

「お寺を維持していくには、観光収入を増やさないといけません。お坊さんたちが住む住居の『僧坊』は、時代とともに空き家になることが増えました。ただ歴史があるので建物が傷んでも壊すわけにいかず、修繕して活用する必要がありました」

「伝統は大切ですが、やっぱりいまの時代に合わせて、お参りに来ていただきやすい形を整えていくことが大事です。ただの伝統、化石にしないことが重要だと思います。１〜２時間の滞在で日帰りする方には、我々がお会いする時間はほとんどありません。宿泊していただけることで、お客さまとの縁も深まるし、つながりを持てる。これは本当に大きいことだと思っています」

このお寺では宿泊者に座禅指導をするなど、付加価値を高める工夫をしている。

１泊10万円でも黒字化

ここまでは地域にある資産を生かして、宿泊者を増やす取り組みを紹介した。ほかにも、愛媛県大洲《おおず》市の大洲城では２人で「１泊１１０万円」の宿泊プランを売り出し、２０２１年度は４組が泊まるという成果を上げた。

歴史がある建物を生かしてその地域でしか味わえない宿泊体験を提供できれば、単価を高めることができそうだが、そんな資産がない場合もある。また地域にとっては、ホテルなどの開業でどれだけのお金が落ちるのかも重要になる。「どんな資本のホテルができても、観光客は増える。まちで買い物などをしてくれれば、地域経済にとってはありがたい」（関西の土産物店店主）という声もある。だが、外資系企業などが大半の利益を得ると、地域経済への波及効果は当然ながら小さい。

では、どうすれば良いのか。

地域ごとに事情は異なるので明確な答えはないが、九州の北側に浮かぶ離島の大島（福岡県宗像《むなかた》市）で興味深い動きがある。大島は人口約６００人で、１周は約15キロメートル。そんな小さな島で、「ＭＩＮＡＷＡ」という宿泊施設が人気を集めている。１日１組（最大で６人）限定で、料金は１泊10万円前後。１人あたり１泊２万円ほどで、周りの民宿の約５倍に上るという。

宿からは玄界灘《げんかいなだ》を望むことができ、地元の鮮魚を使ったカルパッチョやローストビーフなどのコース料理が楽しめる。

当初は地域住民らから「もっと安くしないと人は来ない」「そんなにお金をとったらあか

ん」という声が上がった。それでも２０１９年の開業以来、黒字を出している。

投資家の糀《こうじ》屋《や》総一朗さんが自ら立ち上げた「エリアリノベーションファンド」を通じてＭＩＮＡＷＡに投資し、宿の運営も担っている。

福岡には行けなかったが、糀屋さんの大阪出張に合わせて取材させてもらった。糀屋さんは１９７８年生まれ。早稲田大学大学院ファイナンス研究科を修了し、金融コンサルティング会社「東京フィナンシャル・アドバイザーズ」（東京都千代田区）などで勤務。その後は起業し、不動産投資やカフェ経営などの仕事をした。近年は地域を活性化できる事業を中心に投資を続けている。

「安売りの呪い」から脱却するには

糀屋さんは、次のように話す。

「地方の大きな問題は『安売りの呪い』です。日本では無料や安い値段でモノやサービスを売るのが良いという価値観が根強く残っています。これをどうにかしないといけない。ただ、値上げをすれば客層が一気に変わるので、経営者はすごく不安な意思決定を迫られます」

「だから地域を変えるには『外の目』が重要だと思います。大島で１泊10万円の宿を始めたように、新しい価値観を持った人が成功事例をつくるのが重要だと感じています。旧態依然とした価値観こそが地域経済の衰退を招いた原因なので、その価値観の延長によって地域経済が改善されることはないと思います」

「地方はこれまで、甘やかされてきました。もうかっていなくても、補助金で補てんできました。土産物店に行くと、売れていないキーホルダーがいつまでも店頭に置かれていることがあります。『一事が万事』という言葉があるように、そんな光景が地方のいまを象徴しています。自分たちの価値を真面目に見つめて、サービスやモノに転換させる意識がなさすぎたのではないかと思います」

ＭＩＮＡＷＡが興味深いのは、地域住民らが出資して立ち上げるファンドへの事業売却を予定しているからだ。一般的なファンドだと利益が上がった事業は都市部の投資家に売ることが多いが、糀屋さんは地域住民らが稼げるような仕組みをつくりたいという。

糀屋さんによると、全島民がファンドに出資すると仮定した場合、配当によっての島民１人あたりの所得が１〜１・５％ほど上がる見通しという。

地域住民らがいきなりお金を出し合ってファンドをつくり、単価が高い宿を売り出すのは難しい。まずは投資家がお金を出して宿を軌道に乗せ、利益が出てから地域に譲ることで、地域が稼げる「成功モデル」をつくろうとしている。

「外資系企業や東京の大企業がリゾートホテルをつくっても、地域に落ちるお金は限られます。自分たちの資本で開発するのが、本来の姿であるべきです。そうでないと東京の本社にお金が流れ、地域に残るのは安い労働所得だけです。地域が盛り上がっているようにみえても、すかすかの経済になる構造がまかり通ってしまいます。地域が地域の資産を保有する流れに変えていかないといけません。労働所得だけでなく、自分たちが株主になって配当を受け取る。そしてその利益で再び地域に投資する。そんな『地域循環経済』をつくらないといけないと思っています」

大島の取り組みは、まだ動き出したばかりだ。地域住民らによってＭＩＮＡＷＡが安定的に経営され、その利益が地域の投資に回る循環ができて初めて成功と呼べそうだ。また、ただでさえ手間と時間がかかるので、大型ホテルで同じ仕組みを回すのはさらにハードルが高い。すぐに全国の地域の課題を解決する取り組みではないと思うが、中長期的にみて「地域の自立」をめざす重要性を考えさせられる。

成功モデルを増やすには、新たな事業に挑む人材が必要になる。糀屋さんは今後、地域を変えようとする若手に積極的に投資する方針という。

冷めない「祭り」への熱

ここまでは、付加価値の高い宿泊施設を地域で増やす取り組みについて紹介した。宿泊することは自体が旅の目的になることもあるが、地域に人を呼び込むには観光資源の充実も欠かせない。観光資源は無数にあるのですべてはフォローできないが、本書では「お祭り」と「ローカル鉄道」の2つに絞って、現場の挑戦を取り上げたい。

まずは「お祭り」に焦点を当てる。2022年の春ごろからは、3年ぶりに本格的にお祭りを開く地域が目立った。

たとえば、祇園祭《ぎおんまつり》（京都市）の山鉾《やまぼこ》や三社祭《さんじゃまつり》（東京都台東区）の宮みこしの巡行をするのは、3年ぶりだった。

シンクタンク「祭り・イベント総合研究所」が2022年5～6月に実施したオンライン調査によると、夏から秋にかけてやりたいこと（複数回答）としては、「祭り・イベント」が77％で、「国内旅行」の78％に次いで多かった。コロナ禍を経ても、日本人のお祭りへの熱はなくなっていない。ちなみに、行きたい祭りのジャンルとしては、「花火」「屋台」「盆踊り」の3つが上位を占めた。

一方で、人手や運営資金が足りずに存続が危ぶまれているお祭りもある。祭り・イベント総合研究所は２０２２年７〜８月、全国の祭り・イベント関係者にアンケートを取った。回答者の約７割がお祭りに携わるための体力に不安を感じ、担い手の減少を懸念していることが分かった。

地域の観光業を底上げするために、お祭りをどう生かせば良いのか。お祭りの支援ビジネスを展開しているベンチャー企業「オマツリジャパン」（東京都練馬区）の加藤優子社長に話を聞いた。

「世界一のお祭り大国」のポテンシャル

「日本は約30万件のお祭りがあるとされ、『世界一のお祭り大国』といわれます。お祭りの年間消費額は約２・８兆円、延べ参加人数は約１・７億人とされています。たとえば青森ねぶた祭は、日本銀行青森支店の２００７年の試算では経済効果が２３８億円とされました。その土地に住む人たちの生きがいや、文化の継承にもなりますし、観光での活用も大いに注目されています」

「日本に長期滞在する欧米の人には、おみこしを担いだり踊ったりして参加できるお祭りが

オマツリジャパンの加藤優子社長

特に人気です。日本文化を体験できるのは、訪日客にとって魅力的。日本が観光立国をめざすには外国の方に来ていただくことが大事ですが、東京や大阪、京都はコロナ前、人であふれていました。地方経済の活性化を考えると、田舎の奥地などにも行って欲しいんです。そのカギを握るのが、お祭りだと考えています。花火など夜の観光コンテンツがあれば宿泊してくれる人も増え、地域経済がうるおいます」

２０２２年３月のオンライン取材で、加藤さんはそう語った。

１９８７年生まれ。幼い頃から絵描きをめざした。大学受験で「２浪」して美術大学に入り現代アートを学んでいたが、大学３年生だった２０１１年３月に東日本大震災が起きた。未曽有の災害を前に、「自分のアートでは人を救えないのではないか」と、無力感に襲われたという。

日本中が暗く沈むなか、８月に青森ねぶた祭に足を運んだ。

観光客は少なかったが、地元住民らが続々と外に出てきて、踊り始めた。元気な人たちを久しぶりにみた気がした。「お祭りって、こんなに人を笑顔にするパワーがあるんだ」と心を動かされ、お祭りに関心を持ち始めた。卒業後は漬物メーカーに就職したが、２０１４年に任意団体の「オマツリジャパン」を１人で立ち上げ、２０１５年に法人化した。

経営の知識はなく、苦難の連続だった。スタッフが足りないお祭りの企画・運営に半年間携わったが、渡された謝礼は数万円。運営の資金不足で、これが限界という。会社の1年目の売上高は、約１４０万円だった。

日本人はお祭り好きなのに運営がなぜ行き詰まるのか、困っている人がいるのに助けるビジネスがなぜないのか、疑問に思った。発想を変え、お祭りを生かして観光振興につなげたい自治体や、自社商品をＰＲしたい企業向けにサービスを始めた。

事業は多岐にわたっている。協賛金を企業から得るために営業に出向いて地域とつないだり、自社商品をＰＲしたい企業のためにお祭り会場にブースを設けたり、有料の特別席を設けて収益につなげたりする。「オマツリジャパン」という会社と同名のウェブサイトも運営しており、お祭りの開催情報や参加方法などの記事を毎月、平均１００本ほど載せている。閲覧数が１カ月で最大５０００万回に上ったこともあった。

コロナ禍では感染拡大への恐れからお祭りを開けない地域が目立ったため、収益の一部をお祭りの運営にあてる「奇祭応援Ｔシャツ」や「お祭り応援ビール」なども企業と組んで開発し、オンラインで売り出した。お祭りでの感染症対策の指針も考えた。

オマツリジャパンの年間売上高は約１億円で、２０２６年には17億円をめざす。

桟敷席とグッズの単価を上げる

どうすればお祭りは存続でき、地域経済に貢献できるのか。加藤さんはこれまでの経験を踏まえ、ある結論にたどりついたという。

「もちろんお金がすべてではないですが、いかにお金を落としてもらうかを考えるべきだと思います。みんなが無料で参加するとお祭りの運営が赤字になり、存続が難しくなります。青森ねぶた祭の場合、ねぶたの制作には企業の協賛金がつきますが、当日のごみ処理や警備費用は桟敷《さじき》席とグッズの収益から捻出するしかありません。この2つの単価を上げれば収益が増し、魅力をさらに高められるお祭りが多いのではないかと感じています」

そんな思いで、桟敷席とグッズの単価向上に取り組んできた。

２０２１年秋には、静岡熱海花火フェスティバルに携わった。地元の魚の干物やお酒が楽しめる1人1万円の席と、8人までの団体が入れる10万円の特別席をつくると、計200枚のチケットは即売り切れた。東京高円寺阿波おどりでは、プロジェクションマッピングを取り入れ、踊りを演出する支援をした。

2022年8月の青森ねぶた祭では青森県と連携して、青森市内のホテルの敷地に2階建ての桟敷席（横5・5メートル、奥行き7・2メートル、高さ2・5メートル）を設けた。2階席は1日1組（1組あたり最大8人）限定で100万円、1階席は1日2組（同4人）限定で20万円。地元企業がつくった日本酒、シードル、いかずし、ひらめの生ハムなどを楽しみ、2階席ではねぶた制作者の解説を聞くことができた。桟敷席は2日間にわたって売り出し、いずれも満席になった。

参加者からは「席の料金を触媒にして自分もねぶたに貢献している、一緒に参加している嬉しさがありました」（東京都の40代男性）、「100万円は高いという人もいるかもしれませんが、人生一度きり。この席であれば、祭りを最大限楽しめると思いました」（東京都の別の40代男性）といった感想が寄せられた。

桟敷席の収益はすべて、お祭りの運営組織やねぶた制作者に還元した。

県の担当者は「お祭りをするうえで『誇り』は大事ですが、それだけでは続けられない人が出てくると思います。若い世代にお祭りを継承するためにも、価値に見合った対価をいただくことが重要です。収益性や生産性向上の議論に蓋をしたままで観光立国をめざすと、地域にとっては『何も良いことがない』という状況になる恐れがあります」と話す。

加藤さんは「新たな有料コンテンツを生み出すことで、収益を底上げできました。無料で見に来ることができるお祭りであっても、有料の席もつくって収益化するのが大事だと思います」と指摘する。

そもそもお祭りの目的はこれまで、お金もうけではなかった場合が大半だ。まちの人に喜んでもらったり、無事に儀式を終えたりすることが重要視されてきた。ただ、少子高齢化や人口減が進み、お祭りの運営に必要な資金や人材を集めるのが難しくなっている。いままで通りで良い、という考えでは存続が危ぶまれるお祭りも出てくる。

青森ねぶた祭など大きなお祭りの収益化は工夫次第でできそうだが、小さな規模のお祭りはどうすれば存続できるのか。

加藤さんはウェブでのお祭りの支援を充実させることで、収益化を実現したいと考えている。感染症対策、協賛企業探し、チラシづくり、スタッフの手配、食材の仕入れなどをウェブで完結できれば、お祭りを「楽に・速く・安く・簡単に」運営して、小さな規模でも収益化できる可能性が高まるとみる。

「たとえばいままで太鼓の修理をお願いしていた業者が廃業した場合、それに伴ってお祭りもやめてしまうのはもったいないです。ウェブ上で太鼓の修理屋さんを探せれば地域も助かると思うので、サービス開発を進めています。どの地域も『楽に・速く・安く・簡単に』という意識を持つことができれば、自分たちだけでも取り組めることが見つかると思います」

また加藤さんが冒頭で指摘したように、花火のような「夜のコンテンツ」を充実させることができれば、宿泊客を増やせる可能性も高い。

日本はコロナ前から「ナイトタイムエコノミー」を底上げする必要性が指摘されてきた。欧米と比べて夜に楽しめる観光スポットが少ないため、稼ぐチャンスを逃している地域が多いという。

お祭りではないが、公益社団法人「奈良市観光協会」はコロナ禍で、市内の若草山にのぼって日の入りをみる約2時間のバスツアー（トワイライトバス）を実施した。観光客の半数が首都圏から来て、その半分が市内に宿泊したという。一般社団法人「高野町観光協会」（和歌山県）は10年ほど前から毎月1回、高野山の信仰の中心である奥之院まで歩く「お逮《たい》夜《や》ナイトウォーク」を開いている。計１０００人以上が参加する年もあるという。

観光資源としてのローカル鉄道

地域の観光資源の２つ目として、「ローカル鉄道」を取り上げる。２０２２年は、これまで以上にローカル線が注目される年になった。ＪＲ西日本が４月、輸送密度（１キロメートルあたりの１日乗車人数）が２０００人未満の17路線30区間の収支を公表したからだ。２０１７～２０１９年度平均では、年間の赤字額は約２５０億円に上った。１００円を稼ぐために、約２万５０００円の経費がかかっている区間もある。

ＪＲ北海道、四国、九州ではすでに公表していたが、東京、大阪、名古屋を中心とした３大都市圏を走るＪＲ３社（東日本、西日本、東海）のなかでは初めての動きだった。その後、ＪＲ東日本もローカル線の収支を公表した。コロナ禍で経営が苦しくなったため、赤字のローカル線のあり方について、地元自治体と議論を進めたい考えがある。

ローカル線を存続させる「基準」については、専門家の間でも意見が割れる。

元国鉄職員でもある青山学院大学の福井義高教授（会計学）は次のように話す。

「地域交通の担い手は鉄道ではなく、自動車やバスでも良いんです。日本は欧米より自動車の普及が遅れ、旧国鉄の影響力が大きかったため、『鉄道天動説』が根強く残っている気がします。経済合理性がなければ、撤退するのは仕方がない。税金の使い方が合理的かどうかで判断すべきでしょう」

関西大学の宇都宮浄人《きよひと》教授（交通経済学）は、意見が異なる。

「税金が少なくて済む方法を選ぶ、という単純な判断はしてはいけないと思います。公共交通の議論はこれまで、コスト削減の視点からばかり語られてきました。でも大事なのは、地域の人たちが最も豊かに暮らせる社会インフラを考える、ということだと思います。どんなインフラがあれば子育て家庭や移住者、観光客を呼び込めるかを考えて、投資すべきです。それが長い目でみれば、地域の発展につながると思います」

国土交通省の有識者検討会は２０２２年7月、ローカル線に関する提言をまとめた。「輸送密度が１０００人未満」などの条件を満たす路線の今後のあり方に関して、会社と自治体に協議を促すことを盛り込んだ。

そんななか、「観光鉄道化」を掲げてローカル鉄道の再生に10年以上かかわっている人がいる。官民が出資する第3セクター「えちごトキめき鉄道」（新潟県上越市）の鳥塚亮《あきら》社長だ。地域の観光をもり立てるために、ローカル鉄道はどう生かせるのか。

２０２２年5月、上越市にいる鳥塚さんを訪ねた。

乗らなくても良いから遊びに来て

上越市の直江津《なおえつ》駅のそばには、鉄道の車両基地につくった観光施設「直江津D51レールパーク」がある。えちごトキめき鉄道が、２０２１年4月に開いた。蒸気機関車に乗り、直江津駅そばまでの約２５０メートルを約5分かけて往復できる。沿線の駅名が入ったキーホルダーなどのグッズも買える。鳥塚さんは「まずは駅を訪れるハードルを下げるのが大事。来てくれた人たちが、在来線に乗ってくれなくてもいいんです」と話した。

鉄道に乗ろうといきなり呼びかけても、成果は出にくい。駅周辺に人を集め、鉄道やポスターをみて興味を持ってもらう。そのうえで、将来的に乗客も増やす――。そんな二段構えの仕掛けだという。

鳥塚さんの経歴は異色だ。

もともとは英国の航空会社「ブリティッシュ・エアウェイズ」の社員だった。２００９年、房総半島の南東部を走る「いすみ鉄道」（千葉県大多喜《おおたき》町）が社長を公募していると知る。鉄道好きが高じて思い切って応募すると、採用された。年収は半分ほどになったが、ローカル線の立て直しに使命を感じたという。

えちごトキめき鉄道の鳥塚亮社長

いすみ鉄道は沿線の人口が減り、廃線の危機に直面していた。そこで鳥塚さんが掲げたのが「観光鉄道化」だった。宣伝文句は「ここには、『なにもない』があります」。有名な観光地ではないが、菜の花畑など自然の美しさをゆっくり楽しめる魅力をＰＲした。鉄道車両にムーミンをあしらった観光列車なども取り入れた。

　沿線の駅での物販なども充実させた。鳥塚さん自ら売り場に立ち、「乗らなくても良いので遊びに来てください」と呼びかけた。

　初めて通年で経営を率いた２０１１年３月期決算の旅客運輸収入は８８３７万円。沿線の人口が減るなかでも観光客らを呼び込み、退任直前まで９０００万円以上を保った。営業損益は赤字が続いたが、いすみ鉄道と沿線地域の知名度を全国区に押し上げた。

「地域で鉄道を活用する道筋はできた」と考え、２０１８年に退任した。翌年に次の挑戦として「えちごトキめき鉄道」の社長公募に申し込み、81人のなかから選ばれた。

えちごトキめき鉄道は２０１５年に開業。日本海沿いと山間部を通る２つの路線があり、総距離は98・３キロメートル。いすみ鉄道の約４倍で、貨物列車も走る。北陸新幹線の延伸に伴い、ＪＲ西日本とＪＲ東日本が手放した並行在来線だ。

並行在来線は新幹線と同じようなルートを走るので、新幹線開業後に利用客が減る傾向にある。しかも、えちごトキめき鉄道は、人が集まる県庁所在地を通らない。『劣等生』といえる鉄道を活性化できれば、全国の並行在来線の課題も解決するのではないか」と考えたという。

「百貨店化」と「トキ消費」

いすみ鉄道時代の経験を生かし、えちごトキめき鉄道でも改革に乗り出した。観光客を呼び込むには、２つの視点が重要だという。

１つ目が観光列車の「百貨店化」だ。さまざまな価格帯の観光列車を用意することを意味する。社長に就く前から、えちごトキめき鉄道には地元料理なども楽しめる観光列車「雪月花」が走っていた。ただし、費用は１人あたり２万円近い。そこで、普通運賃に５００円上乗せすれば乗れる観光急行も走らせ始めた。鉄道ファンをひきつけようと、ＪＲ西日本が所有していた国鉄時代の列車を買った。埼玉県から訪れた50代男性は２日間にわたり、朝から夕方まで観光急行に乗り続けた。「海や山がきれいで、のんびりできる。値段も高すぎずに良かった」と話していた。

２つ目が「トキ消費」による収益の底上げだ。その瞬間を、そこで過ごす。体験に価値を見いだす「コト消費」のような考え方だという。

日付をまたいで早朝まで鉄道に乗る「夜行急行」は、２０２２年６月までに７回実施。１万８０００円の16ボックスがたいてい売り切れる。レールパークの４〜５時間貸し切りは22万円だが、鉄道ファンから好評だ。鳥塚社長や料亭店主らが２泊３日で沿線を案内する「４社長によるプレミアムツアー」は１人あたり約15万円。今春、８人が申し込んだ。

本当にもうかるのか——。新たな取り組みを始める前にはたいてい、周りから疑問の声が上がるが、「トキ消費」を意識した高単価の商品は一定の成果を上げている。

２０２２年３月期のレールパークの１日あたり入園者数は１０８人で、計画より約１割多かった。観光急行の１日あたり乗車人員は２０５人で、計画を約４割上回っている。

ただ、経営はいまだ苦しい。コロナ禍で観光客が激減したことも拍車をかけた。

２０２２年３月期の売上高は、前年比５％増の35億２４００万円となったが、本業のもうけを示す営業損益は６億６２００万円の赤字だった。車両の検査費用などが膨らんだ。県と沿線３市から８億８７００万円の緊急支援金が出たため、純損益は開業以来で初めて黒字になった。

ローカル鉄道に未来はあるか

全国でも、コロナ禍でローカル線の苦境は深刻化している。ＪＲ大糸《おおいと》線の糸魚川《いといがわ》（新潟県糸魚川市）—南小谷《おたり》（長野県小谷村）間は、今後のあり方について沿線自治体やＪＲ西日本の議論が本格化しそうだ。

鳥塚さんはそんな状況に、憤りをあらわにする。

「大糸線は、新幹線の駅（糸魚川駅）から接続して観光地の白馬《はくば》村に向かいます。景色もきれいなのに、廃線にする理由はないと思います。いまの日本は、海外の人が行ってみたいとあこがれる場所です。時代が変われば、鉄道の使い方を変えれば良いんです。それに、『いまあるもの』を生かせない地域に投資は来ないと思います。鉄道という『看板』を生かせない地域は、衰退を止められない」

「鉄道は子どもたちにも人気ですし、メディアでもよく取り上げられます。そんな魅力的なコンテンツを生かせないとなると、その地域は何に金をかけてもできないということが証明されてしまいます」

たしかに日本人には鉄道ファンが多いうえ、コロナ前には観光列車「雪月花」の乗客の１割ほどは訪日客が占めていた。国内外から観光客を呼び込むために、ローカル鉄道を生かせる余地がある。

一方で、ローカル鉄道は黒字にするのが難しい。いすみ鉄道もえちごトキめき鉄道も、営業損益は赤字が続いている。観光立国をめざすためにローカル鉄道を生かすなら国や自治体からの支援、つまり税負担は避けられそうにない。線路や駅の維持・管理を自治体が担い、鉄道会社が運行する「上下分離」も選択肢になる。

ただ、決算の損益だけでローカル鉄道の価値を測れないのも事実だと思う。鉄道を目当てに地域を訪れる人が増えれば、沿線のホテル、飲食店、土産物店で消費が増える。この章の最初に取り上げたように、無人駅をホテルの「フロント」として生かす動きもある。鉄道を通じて地域の知名度が高まることもある。そんな波及効果と税負担をてんびんにかけて、ローカル鉄道は残すべきなのか。ＪＲ西日本などがローカル線の収支を公表して逆風が強まるなか、地域が真剣に考える時が来ている。

無資格でも有償ガイドが可能に

この章の最後に、ガイドの育成について触れたい。これまで紹介してきた古民家、お祭り、鉄道といった地域の魅力を訪日客に伝えるためにも、ガイドは重要だ。

第1章の最初に紹介した男性は、国家資格の「全国通訳案内士」を取得していた。外国語を使うガイドはそのほかに、一定の地域だけを案内する「地域通訳案内士」という資格もある。こちらは、県や市などの自治体が認定している。

一方でコロナ前に訪日客が急増したことを受け、２０１８年に改正通訳案内士法が施行され、資格がなくても有償のガイドができるようになった。全国通訳案内士は合格率が約10％という難関資格のため、ガイドの数が伸び悩んでいた。

ただ実態としては、「資格者の方がスキルは高く、旅行会社も優先して依頼を出している」（業界関係者）という指摘もある。観光立国をめざすうえで、これからは資格を持たないガイドのスキルを上げることも重要になる。

大阪府南部の13市町でつくる観光地域づくり法人「ＫＩＸ泉州ツーリズムビューロー」（大阪府岸和田市）と一般社団法人「インバウンドガイド協会」（東京都千代田区）は２０２２年１月、３日間のガイドの育成講座を開いた。英語、中国語、韓国語で計60人の募集枠に２倍超の約１５０人が応募した。参加者は、旅行者の案内に役立つ知識などを学んだ。

英語の受講者約30人は岸和田市内で数人ずつのチームを組み、ガイド役と旅行者役にわかれて実践練習に臨んだ。道中で木造の日本家屋や、聞こえてきた小学校のチャイムの意味を英語で説明しながら、岸和田城などを回った。

参加した30代の会社員男性は、東京五輪のボランティアをみて、外国語を使ったガイドに魅力を感じたという。将来的には副業やボランティアで、ガイドを務めたい考えだ。「関西では２０２５年に万博が開かれる。大阪の魅力を伝えてみたい」と話した。就職活動中だった大学生の女性は「関西の文化を発信できるような仕事に就きたい。相手の反応をみながら対応するガイドのスキルは何らかの形で生かせると思う」と語った。

インバウンドガイド協会は、資格を持たないガイドの育成に力を入れている。２０２０年には、ガイドに求められる標準的な素養を定めた世界初の「ガイドスキルマップ」をつくった。旅行会社などが無資格のガイドの能力を評価できるよう、演出や傾聴力、ＩＴスキルなど25の基準を定めている。

個性のあるガイドが必要なわけ

２０２１年12月、大阪市内のカフェで、インバウンドガイド協会の平塚雄輝理事（事務局長）に取材させてもらった。平塚さんは資格を持たないガイドを育てる意義について次のように話した。

「いろんなところで言っているのですが、ガイドは多様な存在でないといけないと思います。日本には、旅行者が求めているガイドが足りない。需要と供給がマッチしていないんです。たとえば日本のアニメとかサブカルチャーは海外の人から人気ですが、それらに詳しい通訳案内士は少ないと思います」

「グルメが好きな人もいれば、釣りが好きな人もいる。多様な旅行者がいるので、案内するガイドも多様でないといけない。知識を教えることだけがガイドの仕事ではありません。道中の写真撮影や子どもの世話をガイドに求める旅行者もいます」

コロナ後のガイドのあり方について、各地の通訳案内士にも話を聞いた。

京都市の地域通訳案内士は「コロナの影響で人混みを避けたい人が増え、ハイキングや畑仕事などの自然体験の人気が高まると思います。清水寺のような『王道』でなくても、魅力のある観光体験ができるスポットを発掘していきたい」と話す。別の地域通訳案内士は「仏像に詳しいといった専門性も大事ですが、地域で生活していること自体が強みだと思っています。子どもの学校での様子や最近つくった日本料理の話などをして、旅先の知人に案内してもらっているような楽しみ方を提供したい」という。

鹿児島県の全国通訳案内士は「海外の富裕層は陶芸、染色など日本の『本物』に触れたい人が目立つので、ガイドは職人と旅行客をつなげられるよう『ネットワーク』を広げることも大事だと考えています」と指摘した。福岡市の全国通訳案内士は「案内する時の日給は一般的に3万円ほどですが、アートや建築などの専門性を磨いて単価を上げることが重要だと思います。業界としては高齢者が多いのが課題なので、稼げるガイドの先例を増やして若者にとって魅力的な仕事にしたいです」と語った。

少し古いが、観光庁が２０１３年に実施したアンケート調査によると、全国通訳案内士の約7割を50代以上が占める。また全国通訳案内士の7割超が資格を生かしておらず、案内士として働いていても専業は約6％にとどまるという。「年収が２００万円を超えない人がほとんどです」（ある通訳案内士団体の幹部）という声も聞いた。

現場の声を踏まえると、資格を持たないガイドのスキルを高めるとともに、有資格者も含めて自分なりの強みや個性を生かして稼げるガイドを増やすことが重要になりそうだ。結果として、ガイドとして働く若者も増えるかもしれない。

第3章　観光公害を防ぐ

コロナ前には戻りたくない

「私道での撮影禁止」「許可のない撮影は１万円申し受けます」「お家の玄関まで入らないで！」「提灯を触ったり、柵にもたれない」

ＪＲ京都駅から北東へ約２〜３キロメートル。京都市の花街・祇園の花見小路には、そんな言葉が日本語や英語、中国語で書かれた看板がある。

コロナ前、祇園には訪日客が殺到した。芸妓《げいこ》や舞妓《まいこ》を追いかけ、写真を撮る人もいたという。地元住民らでつくる祇園町南側地区協議会は、そうした状況に危機感を抱き、２０１９年から看板を設けるようになった。看板は、デザインや文言は何度か変わっているが、コロナ後を見据えて残している。

２０２１年10月、協議会の太田磯一幹事を訪ねた。太田さんは祇園で生まれ育ち、中華料理店を営んでいる。お店の２階で話をうかがうと、最初にこう切り出した。

「まず知っておいてもらいたいのは、花見小路はインバウンドの経済効果がほとんどないということです。基本的に一見さんお断りの地域であり、土産物店もありません。観光客が増えれば情緒が失われ、地域にとってマイナスです」

「対策として、公道を通行止めにするわけにもいきません。『許可のない撮影は１万円』と

祇園町南側地区協議会が設けた看板

看板に書いていますが、実際にお金を取れるわけではありません。あくまで抑止効果を狙ったものです。コロナ禍になってから経営は苦しいですが、まちの情緒は回復しました。コロナ前のような騒がしい状況に戻りたくないのが本音です」

祇園の観光公害の被害は、２０１４年ごろから目立つようになったという。特に中国人の団体旅行客がよく訪れ、住民とのあつれきが生じることが多かった。お店に来るのではなく、まち並みや芸舞妓を見に来ていた。

太田さんによると、次のような被害が確認された。

・勝手に玄関を開けて家の中へ入ってきた
・食べ物などは店舗に「持ち込み禁止」だと伝

えても聞いてもらえない
・芸妓や舞妓の帰り道に、家まで外国人がついてきた
・格子戸などにもたれながら写真撮影をする人がいた
・椅子だと勘違いされ、店先の灯籠《とうろう》が壊された
・植木の枝が折られた
・腕を引っ張られ、着物の袖がやぶれた
・ごみのポイ捨てが増えた

コロナ禍で訪日客が激減すると、被害はほとんど起きなかったという。

２０２２年５月。観光目的の訪日客の受け入れが翌月から再開されるのを前に、太田さんに電話をかけた。協議会はコロナの感染が広がってから総会の開催を見合わせており、コロナ後を見据えた活動はまだ始めていなかった。

「訪日客がコロナ前ほど増えるには、まだ時間がかかるでしょう。でも国別で最も多かった中国からの観光客が戻れば、観光公害が再び深刻化する可能性が高いと思います。今後は注意喚起の看板のほかにも、できることを考えます」

観光恐怖症

観光公害は、観光客が地域で暮らす人たちの生活などに悪い影響を及ぼすことを意味する。ごみのポイ捨てによる山や海の環境破壊、電車や路線バスの混雑、観光バスやタクシーがもたらす道路の渋滞、夜の騒音などが代表的な被害と言える。数値化できるものではなく、住民の「感じ方」によって生じるとされる。

「オーバーツーリズム」という言葉が世界的には広がっているが、日本では観光公害と呼ばれることも多い。海外メディアなどでは、「ツーリズムフォビア」（観光恐怖症）という造語が使われることもある。コロナ前、スペインのバルセロナ、オランダのアムステルダム、イタリアのベネチアなどでも深刻な問題になった。

人気観光地での被害が目立つが、ツイッターやインスタグラムといったSNSの発達で写真映えする場所が急に注目され、観光公害に見舞われることもある。

日本ではよく、京都での被害が注目される。だが京都市を訪れる観光客数は近年、意外にもあまり増えていない。京都市の調査によると、コロナ前の2019年は5352万人。前年より増えたのは4年ぶりだ。初めて5000万人を超えたのが2008年（5021万

図表3-1 京都市の観光客数の推移

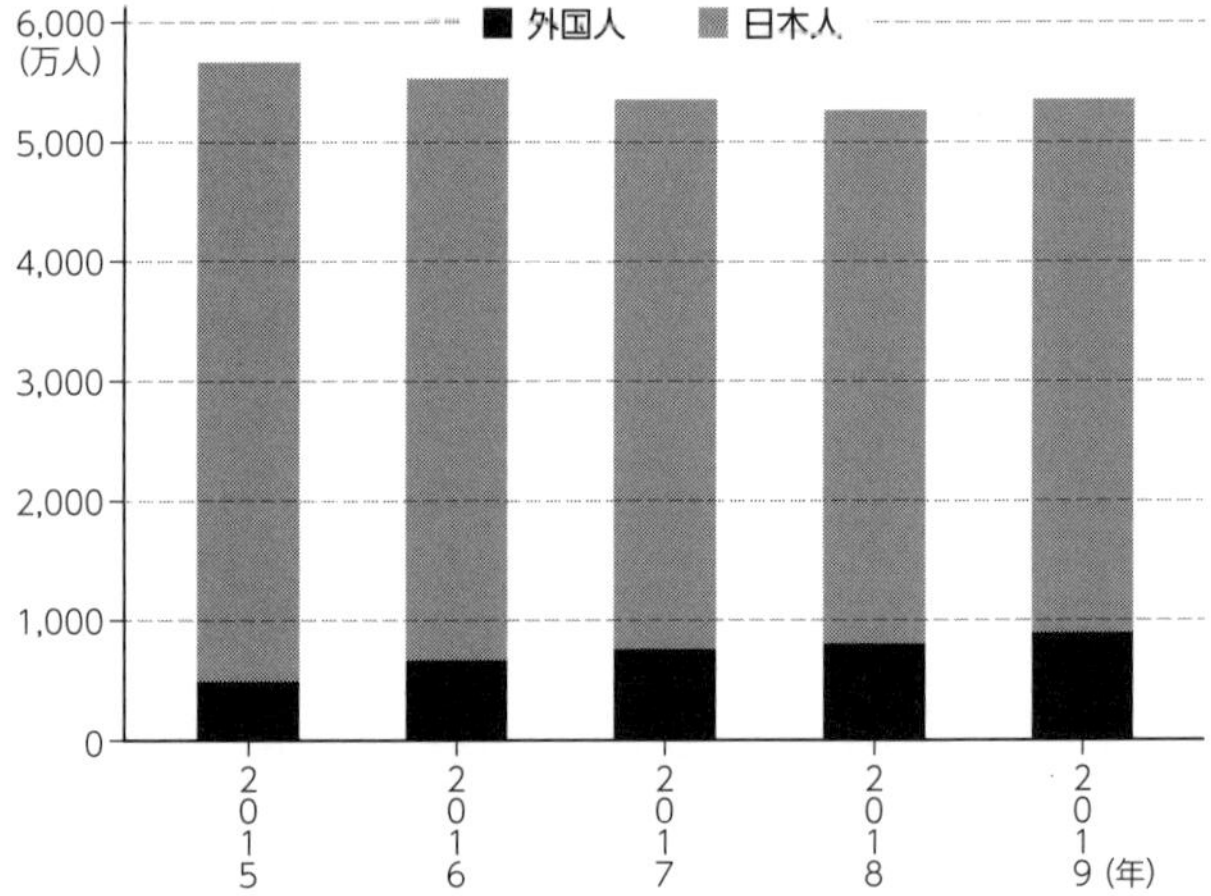

(出所)京都市「京都観光総合調査」をもとに筆者作成

人）だったが、その後は増減を繰り返している（**図表3－1**）。

一方で、外国人観光客は急増している。2018年の京都市の外国人宿泊者数は、450万3000人。10年前の2008年と比べると、約5倍に増えている（**図表3－2**）。文化やマナーが違う外国人がまちなかに増えたり特定の観光スポットに集中しすぎたりしたことで、観光公害が深刻化したとみられる。

ただ当然のことだが、観光公害は訪日客だけが引き起こすものではない。観光地では昔から、日本人によるごみのポイ捨てなどが問題になっている。

たとえば「竹林《ちくりん》の小径《こみち》」などで知られる、

図表3-2 京都市の宿泊者数（実数）の推移

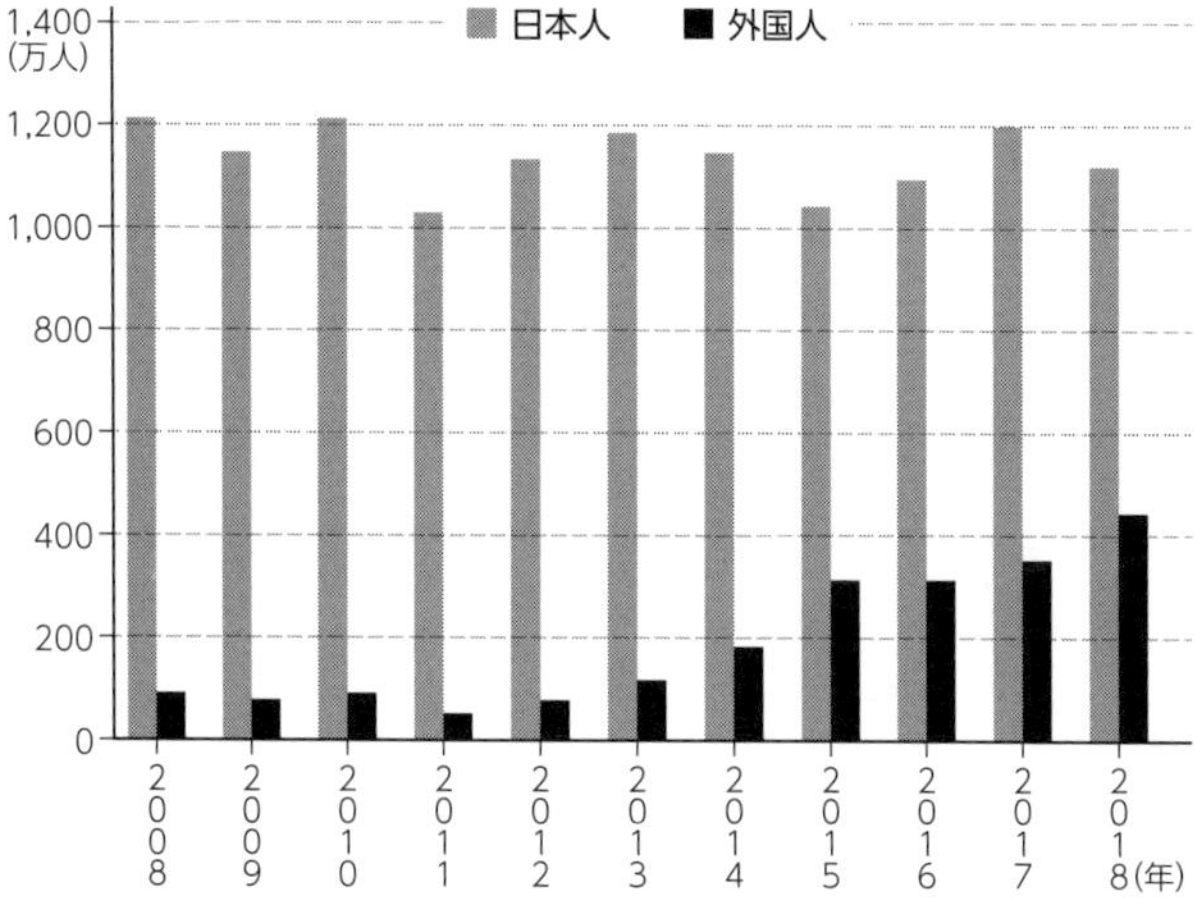

（出所）京都市「京都観光総合調査」などをもとに筆者作成

京都市の嵐山地区。「まん延防止等重点措置」が全国的に解除された直後の２０２２年４月、朝のごみ拾いを取材させてもらった。地元の商店主ら数十人がポリ袋やごみ拾い用のトングを持ち、１時間ほどかけて地域を回っている。２０２１年春から毎月１回、取り組んでいるという。

この日はカップラーメンの容器、たばこの吸い殻、サンドイッチの袋などが落ちていた。観光目的の訪日客の受け入れを再開していない時期だったが、まん延防止等重点措置が解除される前と比べると、ごみの量は５倍以上に増えたという。日本人でも外国人でも、人の動きが活発になれば一定の被害は起きてしまう。

ある地元商店の店主は「ごみが少しでも落ちていれば、その周りにどんどんごみが増えます。1枚の割れた窓ガラスを放置しておくと、その周りの窓ガラスもなぜか割られてしまう『割れ窓理論』と同じです」。別の店主は「経済と環境問題は常にリンクしている。人が動けばごみが出るので、地域に合う対策を考え続けるしかないと思います」と話した。

マナー啓発の効果

観光公害を和らげるには、どうすれば良いのか。

近年の深刻な観光公害が、文化やマナーの違う外国人によって引き起こされるケースが目立つ以上、まずは啓発を考えるべきだろう。

公益社団法人「京都市観光協会」や祇園町南側地区協議会などは2019年9～12月、祇園町南側地区で「マナー周知・啓発事業」を実施。一定の成果を上げている。

実証事業の前には、アンケート調査をした。その結果、「道路に立ち止まっての写真撮影」「舞妓さんへの写真撮影」「食べ歩き」といった行動が地域のマナー違反だと知っている人が少ないことが分かった。

それを踏まえて、実証事業では京都のマナーについてスマートフォンのプッシュ通知で伝えたり、巡視員が英語や中国語で指導したり、地域に防犯カメラがあることを伝えるポスターを掲示したりした。マナー違反の件数を防犯カメラで調べ、地域に設けたセンサーを使って観光客の滞在状況も分析した。

「道路に立ち止まっての写真撮影」がマナー違反だと知っている人の割合は実証事業の前には41％だったが、実証事業中には77％に高まった。「舞妓さんへの写真撮影」がマナー違反だと知っている人の割合は60％から87％に上がった。

実証事業を始める前の９月27日には７８２０件のマナー違反が地域で確認されていたが、実証事業をしている最中の12月６日には33％減り、５２４８件になった。実証事業中のアンケートでは、スマートフォンへのプッシュ通知の受信者は全員、「行動を改めようと思った」と回答したという。

海外から来た団体旅行のガイドが地域に貼られた啓発ポスターを紹介しながら、観光客らにマナー違反について説明する姿もみられた。啓発にあたった巡視員からは「体感的にマナー違反は確実に減ってきている」との声も上がったという。

観光公害に詳しい龍谷《りゅうこく》大学社会学部講師の中井治郎さん（観光社会学）は「コロナ前は日本でのマナーを知らなかった外国人も多く、啓発が進めば観光公害が緩和される可能性が高いと思います。観光客と地域を仲介する宿泊施設がカギになるでしょう。地域のマナーや飲食店などの情報を観光客に伝えることで宿泊客の信頼が増し、ビジネスチャンスにもつながるのではないでしょうか」と話す。

ボタンの掛け違いで起きる観光公害

一般社団法人ＣＨＩＥ-ＮＯ-ＷＡ（京都市）では、「ツーリストシップ」という言葉を広めることで、文化や考え方の違いを乗り越えようとしている。田中千恵子代表理事が「スポーツマンシップ」にちなんで考えた言葉という。２０２１年10月、京都市内のゲストハウスで、田中さんに話を聞いた。

１９９８年、千葉県生まれ。子ども時代は埼玉県や台湾で過ごし、２０１７年に京都大学経済学部に入学。京都市内で暮らし始めた。自転車で回れる範囲に金閣寺や二条城といった文化財や鴨川などの自然があり、地場の飲食店も多い。そんな京都に魅せられた。

大学３年生の時に読んだ新聞記事がきっかけで、観光公害に関心を持つようになった。記事には観光地の住民がごみのポイ捨てや交通渋滞に悩んでいる実態が書かれていた。

「自分が京都観光を楽しんでいる一方で、困っている人もいることを知りました。大好きな京都のために何かしたいと考えるようになりました」と振り返る。

観光公害はなぜ起きるのか――。そんな疑問への答えを知りたいと考え、京都市内の住民らを訪ねて回った。商店街のお店を端から端まで訪ねることもあり、数百人から話を聞いた。論文や書籍、新聞記事もかたっぱしから読んだという。

活動を通じて、ひとつの結論にたどりついた。

「観光公害は互いの文化への理解不足など、人と人との小さなすれ違い、ボタンの掛け違いで起きると感じました」

一般社団法人 CHIE-NO-WA の田中千恵子代表理事

スポーツマンシップがあるように、観光に関わる人が持つべき姿勢があってもいいのではないか。そんな思いで考案したのがツーリストシップだった。観光客、住民、地元の事業者の3者それぞれが自らの振る舞いを考えることで、互いに思いやりを持てるようにする狙いがある。京大在学中の２０１９年に「ＣＨＩＥ-ＮＯ-ＷＡ」を立ち上げ、ツーリストシップを広める活動を開始。卒業後も、活動に専念している。

「ツーリストシップ」で考える

「ＣＨＩＥ-ＮＯ-ＷＡ」ではツーリストシップについて、「住む人・訪れる人・働く人、観光地に集うすべての人が意識したい心構え」と定義している。具体的には「人・モノ・自然・文化・歴史……その地に存在するすべてを大切にすること」「お互いに思いやりをもって接すること」だという。

田中さんは、ツーリストシップについて考える講座を全国の企業や学校、観光協会などで開いている。

「事業者は騒いではいけない場所について、観光客に伝えるようにする」

「旅行者は混雑している時間帯はなるべく避ける」

「お互いに気分が良くなるよう、感謝の気持ちを持つ」

講座では、観光地での自らの振る舞いを考えてもらう。

２０２２年４月には、飲料メーカー「ダイドードリンコ」（大阪市）の社員向け講習会を大阪市内で開いた。田中さんは冒頭、次のようにあいさつした。

「観光は『光を観る』と書きます。その光というのは建物とか自然を指すと思いますが、ツーリストシップという言葉を広めることで、観光における人のあり方にも注目して欲しいと思っています。言葉は（行動の）『入り口』になります。ごみを捨てようとした時に『自分はツーリストシップがないな』と考えたり、（高齢者らに）席を譲ったら『ツーリストシップがあったな』と思ったりするように、言葉がもとになって行動につながれば良いなと考えています」

参加者には当日、観光地での迷惑行為の実例が書かれた1枚の紙が配られた。バス・電車編として「（水上レジャーなどで）汚れた服装でバスに乗る」「座席と座席の間にごみを詰める」、宿泊編として「ドライヤーなど備品を持って帰る」「夜中にうるさくする」などとあった。参加者は過去に見聞きした同じような事例について経験談を話し、取りうる対策について考えた。

汚れた服装でバスに乗る人がいる理由については「子どもの着替えを常備できていないから」、ホテルの備品を持って帰る訪日客らへの対応としては「宿泊施設側の周知も必要ではないか」といった声が上がった。

最後には、それぞれがツーリストシップの定義について考え、「相手の立場で考える」「思いやりを持って親切に過ごす」といった意見が出ていた。

講習会後、参加者からは次のような感想が聞かれた。

「（観光公害は）一人ひとりの意識の問題だと思うので、考えることが重要だと感じました」

「自動販売機の横のごみ箱があふれる光景もよくみます。すぐには成果が上がらないかもしれませんが、ツーリストシップを広めることがゆくゆくは観光地の問題解決につながるのではないでしょうか」

世界ではアジアなどで経済発展が急速に進み、海外旅行へ行く人が増えている。観光公害に悩む都市はこの先、さらに増える可能性が高い。田中さんは「ツーリストシップを、世界の共通語にしていきたい」と話す。

行政による「観光モラル」の指標化

ツーリストシップは自らの振る舞いを考えてもらう民間の取り組みだが、行政が「指標」をつくる動きも出てきた。

京都市と京都市観光協会は２０２０年11月、観光事業者・従事者、観光客、市民のそれぞれに守ってほしいことを定めた「京都観光行動基準」（京都観光モラル）を公表した。京都観光モラルでは、自然、文化、芸術、産業などのほか、市民の暮らしの美学や生き方の哲学も含めて日本や世界の宝であると説明。「観光は京都の『宝』の消費者であってはなりません」と呼びかけている。

　そのうえで、観光事業者・従事者向けには次のような行動基準を定めた。

《1》地域の魅力や、市民生活の豊かさが高まるよう、地域との調和に配慮し、地域文化・コミュニティ・経済の発展に貢献するとともに、観光客に対しても、地域のルールや習慣を伝えていきましょう。

《2》観光客が感動し、京都を再び訪れたいと思っていただけるよう、京都の歴史や文化、伝統を学ぶとともに、観光客それぞれの文化や生活習慣をよく理解し、敬い、おもてなしの心でサービス・商品の質を高めていきましょう。

《3》京都の美しい自然やまちなみと地球環境の保全につながるよう、地域の自然環境や景観に配慮するとともに、環境にやさしい事業活動を行いましょう。

《4》誰もが安心・安全で過ごせるとともに、事業を継続し、従業員の雇用を維持できるよう、災害や感染症、事故等に注意し、十分に備え適切に行動しましょう。

観光客向けの基準は、次の通りだ。

《1》市民の暮らしを敬い、京都の歴史や文化、伝統の継承・発展に貢献できるよう、地域のルールや習慣を尊重して行動しましょう。

《2》京都の美しい自然やまちなみと地球環境の保全につながるよう、地域の自然環境や景観に配慮するとともに、環境にやさしい観光を行いましょう。

《3》京都への来訪が、異なる地域を知り、文化を認め合い、かけがえのない体験となるよう、京都の人々や地域と積極的にふれあうとともに、京都の魅力を伝えていきましょう。

《4》誰もが安心・安全で過ごせるよう、災害や感染症、事故等に注意し、適切に行動しましょう。

最後に、市民向けの基準だ。

《１》京都の歴史や文化、伝統などが将来にわたって引き継がれるよう、京都の魅力を知り、学び、存分に楽しみ、誇りを持ってその維持・発展に協力しましょう。

《２》京都の美しい自然やまちなみが将来にわたって引き継がれるよう、日常的な美化活動や緑化活動を行い、その保全に協力しましょう。

《３》観光客との交流が、精神的な豊かさを向上させるとともに、友好の輪が広がる機会となるよう、観光事業者・従業者等とも協調しつつ、観光客を敬い、あたたかいおもてなしの心で接しましょう。

京都は観光都市ではない

京都観光モラルがつくられた背景には当然ながら、観光公害への危機感がある。

京都市は２０２１年度から5年間の観光施策についてまとめた「京都観光振興計画２０２５」でも、観光公害を念頭に「持続可能な観光」の実現を掲げている。市民生活と観光の調和を図ることで、「住んでよし、訪れてよし、働いてよし」のまちづくりをめざす方向性を打ち出している。

２０１４年度に策定された「京都観光振興計画２０２０」では、「世界があこがれる観光都市」をめざす考えを示した。観光消費額で年１兆円、外国人宿泊客数で年３００万人を数値目標として掲げた。数値目標は２０１６年までに前倒しで達成したが、深刻化したのが観光公害だった。

京都市の門川大作市長は近年、京都が「観光都市」であることを繰り返し否定している。観光ありきではなく、まずは京都の暮らし、文化を大切にする考えだという。

コロナ前の２０１９年９月の記者会見では、次のように話した。

「いつも申し上げていますが、京都は観光都市ではございません。いま観光で高い評価を受けている寺院、神社、自然、景観、食文化、文化芸術には、京都に伝わる暮らしの美学、生き方の哲学が凝集されている。それを一番大事にしなければ、観光も持続可能なものになりません」

「市民生活が根本であり、市民生活を大事にしなければ観光も持続可能なまちづくりもありえないと考えております。したがって、市民生活と観光との調和というのをより一層重視していかないといけない」

今後は「観光課題解決先進都市」をめざすという。

２０２１年11月には、京都観光モラルの周知を図るキャンペーンをした。参加者は、京都観光モラルに関する質問にウェブで回答。そのうえで、ワクチン接種証明などを飲食店や土産物店で示せば、飲み物などの料金を割り引くクーポン券や、宿泊券などが当たる抽選券がもらえる仕組みだ。市などが、抽選で当たる商品の費用を補助した。

コロナ禍で苦境に陥った観光業の業績回復をはかりつつ、観光公害が再び深刻化しないようにする狙いがあった。まずは国内客に周知し、将来的には訪日客にも広める考えだ。

事業を担った京都市観光協会によると、キャンペーンには１万人以上が参加した。担当者は「キャンペーンによる（観光客への）質的な効果測定は難しいのが現状です。ワークショップやパンフレットへの掲載の積み重ねで、京都観光モラルについて聞いたことがある人を少しずつ増やしていきたい」と話した。

観光公害対策の「指標」をつくったのは京都市だけではない。

人気観光地の神奈川県鎌倉市では２０１９年、混み合っているまちなかでの食べ歩きなどを「迷惑行為」と位置づける条例が施行された。「住んでよかった、訪れてよかった」と思われる成熟した観光都市をめざす、としている。

迷惑行為としては、車両の通行の妨《さまた》げになる方法による車道での撮影や、むやみな竹や木の伐採や植物の採取などを挙げた。市民や観光客にはこれらの行為をしないよう努力し、マナー向上をはかることを求めている。

「数」がもたらす被害を防ぐ「有料化」

これまでに紹介した事例が示すように、啓発には一定の効果が見込める。だが広い地域で多様な人たちに根付かせるには、時間がかかりそうだ。

また当然ながら、啓発だけでは問題を防ぎきれない。観光客の「質（＝意識）」を変えることができても、観光客の「数」が増えすぎれば、観光公害は深刻化する。

ではどうすれば良いのか。

考えられる有力な方法が、観光地の「有料化」だ。２０２２年４～５月、参考になる取り組みが埼玉県南西部の飯能《はんのう》河原（飯能市）で実施された。

飯能市は東京都に接しているため、都心からも気軽に遊びに行ってバーベキューを楽しめる。コロナ前は年間７万～11万人が訪れていた。

有料化の実証実験に初めて乗り出したきっかけが、２０２１年のゴールデンウィークだった。コロナ禍にもかかわらず、観光客が例年以上に殺到した。

コロナ禍では感染を防ぐため、密になりやすい都市部に行くことを避ける人も目立った。

一方で、飯能河原のような自然豊かな地域は開放的で、密にもなりにくい。そんな状況を踏まえて観光客が次々と訪れ、河原にはバーベキューの食材の食べ残しなどが散乱した。地面を掘って、ごみを埋める人もいたという。

酒を飲んで大声で騒ぐ人もいて、警察への通報も相次いだ。観光公害が深刻化し、「緊急事態宣言」も出たため、２０２１年8～10月には河原の封鎖に踏み切らざるをえなかった。

実証実験で打ち出したのが、バーベキューの利用者から１人あたり１０００円（小学生以下は無料）を集める「有料化」だった。河原を管理する飯能市のほか、埼玉県、一般社団法人「奥むさし飯能観光協会」（飯能市）などが共同で取り組んだ。有料化は初の試みという。

事前の「予約制」も取り入れ、１日あたりの入場者数の上限を３００人にした。利用時間は、午前9時から午後5時までに制限した。

「有料化」「予約制」「時間制限」の３つを２０２２年4月21日から5月8日まで取り入れた結果、前年に４９６１人だった利用者が約7割も減り、１４３４人になった。利用料は１２４万円集まり、河原を管理するスタッフの人件費やごみの回収費などにあてた。

飯能市の担当者は次のように振り返った。

「河原の騒がしさはかなり落ち着き、地域の人たちからも『有料化して良かった』という声が多く寄せられました。また、実証実験中に来てくれた人の9割以上が、『有料化でもまた来たい』と答えてくれました」

「やっぱり、何事もバランスだと思います。多くの人が来てくれれば地域にお金が落ちる可能性も高いですが、近所の人に喜んでもらうにはルールづくりやマナーの徹底は大事です。有料化は効果的な取り組みのひとつだと感じました」

奥むさし飯能観光協会の担当者も、手応えを口にする。

「地元の方からは、『静かなゴールデンウィークを過ごせて、非常に有益だった』という声が寄せられました。バーベキューで出たごみが地域のごみ集積所に捨てられたり、路上の自動販売機に投げ込まれたりすることはなくなりました。まちの美化にも役立つのかなと思いました。一方で、バーベキューの道具をレンタルしている事業者の売り上げは、かなりマイナスになってしまいました。その辺は仕方がないとご理解をいただいていますが、事業者とも連携をはかってより良い運営を考えていきたいと思います」

「有料化や予約制は、オーバーツーリズムを制限する有力なひとつの方法だと思います。本当は予約制だけでも良いのですが、ごみの回収費のほか、受付や会場設置の人件費はかかってきます。どうしても有料化せざるをえなかったのが実情ですね」

「お客さま、地元の住民、地元の事業者さんのいずれも満足いただけるような取り組みが、サステナブルな観光かなと思います。河原の有料化をしている地域は少ないと思いますが、自然の保護にもお金がかかります。これからは、自然を楽しむには多少お金がかかるものだという認識が定着してくれれば良いのかなと思います」

予約制を取り入れたことを知らずに来る人も多かったため、情報の周知が今後の課題だという。飯能河原では2022年7～8月にも、奥むさし飯能観光協会が主体となり、課題を踏まえて実証実験に臨んだ。

入場料2万円取れば人は半減するが

飯能河原の事例が示すように、有料化で集まったお金をごみ処理などにあてることで、地域にも良い影響を及ぼすことができる。住民の「観光許容度」も高まりそうだ。

日本各地の観光地でもこれまで、有料化が広がってきた。

鹿児島県の世界自然遺産・屋久島では2017年、入山料として日帰り客は1人あたり1000円、山での宿泊客は1人あたり2000円を集め始めた。富士山でも2014年に入山料を本格導入。2019年からは5合目より先に進む人を対象にして、1人あたり100

０円を取っている。集めたお金は自然環境の保護にあてている。

ただ屋久島でも富士山でも、支払いは任意だ。徴収率は年によってばらつきがあるが、屋久島は約５～８割、富士山は約４～７割という。富士山では支払いの義務化も検討している。京都大学農学研究科の栗山浩一教授（環境経済学）が２０１３年に取りまとめた調査では、１人あたり１０００円の入山料を集めても、訪問者数は４％しか減らないという結果が出た。金額を約２万円に引き上げれば、半分ほどに減らせると分析している。

　栗山教授は次のように話す。

「富士山では、１０００円の協力金で利用者数を抑えることは難しいです。ただ、１０００円を取れば（観光客の急減など）甚大な影響が出る観光地もあると思うので、まずは利用実態を詳しく調べ、地域の実情に応じて対応を考えることが重要です。観光客の利用方法に応じて料金に差をつけることも検討すべきだと思います」

「また富士山は任意で協力金を支払ってもらいますが、特に外国人は言葉の問題もあり、払っていない人が目立ちます。コロナ後は再び訪日客が増えると思うので、全員からお金を集めることも考えるべきです」

「日本はこれまで、おもに国が税金をもとに自然を保護してきました。しかし財政状況が厳しくて昔ほどお金を使えない状況になり、登山道やトイレの整備ができない場所があちこちで発生しています。財源をどこかで確保しない限り、保全が難しくなります」

ただ、高額の入場料を課すと、自然を楽しめない人が増える。北海道斜里町の知床五湖では、夏場は５０００円前後かかる「ガイドツアー」でしか奥地まで入れない。一方、湖畔まで続く高架木道（全長約８００メートル）は無料に歩けるようにして、２通りの楽しみ方を用意した。こうした先例も踏まえ、地域と観光客の双方にとって最善の取り組みを考えることが重要になりそうだ。

地元優先のファストパス

有料化のほかにも、観光客の「数」をコントロールする方法はある。コロナ禍で一層広がったのが、混雑の「見える化」だ。

京都市や京都市観光協会は２０２０年から、ウェブサイトで「京都観光快適度マップ」を公開している。

「京都駅周辺」「祇園・清水《きよみず》」「嵯峨《さが》・嵐山」など7エリアの混雑状況を時間別、天気別に5段階で示し、各地に設けたカメラでリアルタイムの映像を配信している。奈良市観光協会では、観光案内所などに設けたパネルで市内の混雑状況が分かるシステムを２０２１年から取り入れた。混雑している場所が「色」で判別できる仕組みだ。

また道路の渋滞に対しても、さまざまな対策が取られてきた。

鎌倉市では２０１８年、江ノ島電鉄鎌倉駅が混雑するゴールデンウィークに、沿線住民が優先乗車できるようにする実験をした。事前に申し出た沿線住民に発行した証明書を見せれば、並ばずに改札内に入れる仕組みだ。

当時のゴールデンウィーク中は、改札に入るまでに30分、入ってから乗車するまでにも30分の計１時間かかることもあった。証明書を持っていれば早めに入場できるので、最も混雑する時間帯でも乗車までの待ち時間を20分ほど短くできた。

鎌倉市では混雑している地域を走る車から料金を取って交通量を減らす「鎌倉ロードプライシング」の研究も２０１３年から進めてきた。交通渋滞が深刻な年間50～１２０日ほどの土日祝日の混雑する時間帯を想定し、集まったお金は駐車場の拡充などにあてる案が出ている。

市民の負担額は来訪者の０～１割ほどに抑えようと考えていたが、「税の平等性・公平性」を保つ必要があるという指摘もあり、再考を迫られた。課金をする方法など技術面での方針も固まっていない。

鎌倉市だけではロードプライシングの実現が難しいと考え、２０２０年には支援を求める要望書を国に出した。だが、いまだ実現は見通せないという。

ごみのポイ捨てと民泊トラブル

ここまでは、啓発によって観光客の「質（＝意識）」を変えたり、有料化などで観光客の「数」を制御したりする動きを紹介した。当然ながら、「この方法がベスト」と断言するのは難しい。地域の状況に応じて、効果的な対策を考えるしかないだろう。

ここからは「ごみのポイ捨て」と「民泊をめぐるトラブル」の２つに焦点を当てて、より具体的な対策や課題について紹介したい。観光公害について地域住民や識者に取材していると、「道路などの混雑」に加え、この２つが特に問題だという意見が目立った。

まずは、ごみのポイ捨て問題だ。

観光庁の２０１９年の調査によると、訪日客が困ったことで最も多かったのは「ごみ箱の少なさ」（回答者の23・４％）だった。観光立国をめざすうえで、ごみ箱のあり方を考えるのは重要だ。ちなみに、２位は「施設等のスタッフとのコミュニケーションがとれない」

（17・0％）で、3位は「無料公衆無線ＬＡＮ環境」（11・0％）だった。

京都市内で２０２２年2～3月、珍しい取り組みが実施された。

ごみ問題の打開策を探ろうと、京都市の京都錦市場商店街振興組合と旅行大手ＪＴＢ（東京都品川区）が手を組み、「ごみ捨ての有料化」の実証実験に挑んだ。

これまでに取り上げるのは、人数を制限してごみを減らすのではなく、ごみを捨てる時にお金を取って処理費用に回すという試みだ。ごみ処理にお金がかかるという意識を広めることで、ごみを出さないよう考えるきっかけにしてもらう狙いもあった。

錦市場は、花街・祇園のすぐ近くにある。約３９０メートルの通りに約１３０店舗が並び、「京の台所」とも呼ばれる。コロッケや海鮮焼きなど、その場で食べることができる商品を売る店もある。

錦市場でごみ問題が深刻化したのは２０１７年ごろだったという。

ポイ捨てが増え、自動販売機の空き缶回収箱の周りに散乱することもあった。景観を損ね、歩行者や車が通る妨げになるため、1日に5回もごみ袋を交換する店もあった。ごみを荒らす鳩やカラス、猫などを見かけることも増えたという。

地域住民からは「駐車場にもごみが捨てられている。なんとかしてくれ」といった苦情が寄せられたという。

２０１８年には食べ歩きを控えるよう呼びかける看板も設けた。２０１９年には、食べ歩きを注意するための見回り活動を始め、メディアから取材を受ける時には食べ歩きの様子を映さないよう求めた。

旅行会社やタクシー会社にも、観光客への「食べ歩き禁止」の周知を頼んだ。商品を店内で食べる「イートインスペース」を設ける店も増えた。

一定のマナーの向上にはつながったが、ごみのポイ捨てはなくならなかったという。だがコロナ禍になり、観光客は一気に減った。

京都錦市場商店街振興組合の清水彰事務長は、次のように話す。

「ごみ問題は何も解決していません。コロナ禍では一時的にごみが減り、問題が『ちゅうぶらりん』の状態になっただけです。観光客が一気に増えれば、また同じような問題が起きると思います」

そんななかでＪＴＢから提案を受けたのが、ごみ捨ての有料化の実験だった。

錦市場とＪＴＢの実証実験

２０２２年２月、京都錦市場商店街振興組合の事務所で記者会見が開かれた。

清水さんと並んで会見に臨んだＪＴＢの担当者は「一人ひとりが地域の持続可能性、地球環境に興味を持つきっかけになれば」と話した。１カ月で集める金額の目標は「７万～10万円」とした。

実験中の１カ月間、錦市場の通りにごみ箱10個を置いた。そのそばには、ＱＲコードを記載したポスターを貼った。ごみ箱を利用する人はスマートフォンでＱＲコードを読み込み、53円、１００円、５００円のいずれかを任意で選び、キャッシュレス決済で支払う仕組みだ。53円は、「ごみ」にちなんで考えたという。

ＪＴＢによると、実験期間中に支払われた金額は錦市場で計１１１８円（10件）にとどまった。蔵造りのまち並みで知られる埼玉県川越市の川越一番街商店街でも同じ期間に同様の実証実験をしたが、集まったのは計４２５５円（47件）だった。

「まん延防止等重点措置」の期間中で観光客が少なかったこともあり、利用は思ったほど伸びなかった。

ただＪＴＢは「お金を払ってごみを捨てるという新しい価値観はある程度は支持いただけ

京都市の錦市場で、お金を払ってごみを捨てる女性

た」とみて、今後も実証実験などを重ねて事業化をめざす方針だ。京都錦市場商店街振興組合も、事業化されれば導入する方向で考えるという。

川越一番街商業協同組合は、導入するかを決めていない。藤井清隆理事長は「いろんな方法を検討して、過ごしやすくて持続可能な観光地をつくる方法を考えたい」と話す。

川越一番街商業協同組合では２０２１年、観光客が楽しみにする食べ歩きを禁止せずにまちをきれいに保つ方法を考えようと、食べ歩きできる商品を売る約30店で環境美化委員会を立ち上げた。観光客が持ち込んだほかの店のごみも回収するよう徹底するなど、ポイ捨てされるごみを連携して減らそうと考えている。

原宿のハイテクごみ箱

ごみ対策としてコロナ禍で広がったのが、ハイテクなごみ箱の導入だった。

ファッション関係の店などが立ち並び、多くの若者らが行き交う東京の表参道。商店街振興組合原宿表参道欅《けやき》会では２０２０年10月、まちなかに「ＳｍａＧＯ（スマゴ）」と呼ばれるごみ箱を34台設けた。

幅約65センチメートル、奥行き約70センチメートル、高さ約１・３メートル。ごみがたま

原宿表参道欅会が設けたハイテクなごみ箱

ってくれば自動で5分の1の量に圧縮する機能がつき、最大で約６００リットルが入る。圧縮しないタイプのごみ箱もあり、値段はいずれも数十万円ほどという。

そのほかにも、ハイテクな機能を備えている。電気はごみ箱の上に設けたソーラーパネルで発電してまかなう。ごみ箱の情報はインターネットを通じてリアルタイムで知ることができる。あふれそうになれば、アラームが鳴る。何度も見回りをする必要がないので、効率が良い。

また、ごみ箱には企業の公共広告を載せることができる。原宿表参道欅会のごみ箱ではこれまで、飲料メーカーの「伊藤園」（東京都渋谷区）や菓子メーカーの「森永製菓」（東京都港区）が広告を出した。ＳＤＧｓへの貢献などをＰＲしている。

原宿表参道欅会によると、ＳｍａＧＯを設けた効果もあり、まちでごみがあふれることは少なくなったという。

ただ、課題もある。表参道の場合、日中は自動車などの交通量が多いため、ごみ収集車が停車してごみを回収するのが難しいという。ＳｍａＧＯのごみがあふれそうだと分かって取り替えたごみ袋は、翌朝のごみ回収までどこかで保管しないといけない。人通りが多い表参道では、置き場所も少ない。

ごみ箱の導入にかかる初期費用のほか、ごみの回収を業者に任せる費用も必要になる。原宿表参道欅会の場合は、ファッション関係の企業などから依頼を受けてまちなかの街路灯にフラッグ広告を掲示する事業に取り組んでおり、費用を捻出できている。ただ広告が減ることもあるので、安定した収入を常に生み出すのは難しいという。

ＳｍａＧＯの販売会社「フォーステック」（東京都千代田区）の担当者は「ＳｍａＧＯに掲載する広告の費用はごみ箱の運営費にあてることができるので、ごみ箱を維持するコストを減らすことができます」と話す。

フォーステックによると、ごみ箱は米国のメーカーがつくっている。すでに50カ国以上で、計７万５０００台以上が置かれているという。

米国のフィラデルフィアではごみを回収する頻度や人が減り、回収にかかる費用が３分の

1になったという。回収頻度は週17回から3回に、回収担当者は33人から9人に減ったとされる。

日本国内では表参道での導入を皮切りに、東京スカイツリーそばの「おしなり公園」（東京都墨田区）や「名古屋港水族館」（名古屋市）など計7カ所に設けている（2022年7月末時点）。今後も全国各地で設置する予定という。

過剰包装の抑制も

2022年3月の取材で、原宿表参道欅会の松井誠一理事長は次のように話した。

「訪日客の方がたくさん来てくださったことは、まちとしては良い傾向だなと思っていました。ただあまりにも急激に増えたので、表参道がどんなまちなのかが伝わりにくくなったと感じています」

「日本人が100人、外国人が1人、というような比率なら、日本人の振る舞いをみた外国人が表参道というまちの雰囲気や景観に合った行動を取れると思います。ただコロナ前は肌感覚で日本人100人、外国人100人といった比率だったので、表参道のまちがどんどん変わってしまう危機感を持ちました。コロナ後に訪日客が一気に増えた後もきれいな表参道のまちを守れるのか、『恐怖心』でいっぱいです」

ＳｍａＧＯに続く今後の対策として、商品の「過剰包装」の抑制を呼びかけようと考えているという。包装紙などをその場で破って、捨てる人も目立ったためだ。

「いろんなお店があるので、統一したルールを決めるのがなかなか難しいのが現状です。根本的な解決策はどうにもみえませんが、少なくとも自分たちの目の行き届く範囲のごみはなんとかしようと思っています」

「鎌倉流」の紙袋

神奈川県鎌倉市の商店街ではコロナ前、観光客に紙製のごみ袋を配った。

「食べ歩きで出たごみは持ち帰っていただくのが『鎌倉流儀』だと、来てくださる方々に広めたいと思っています」

ＪＲ鎌倉駅そばに２００店超が並ぶ小町通り。地元の飲食店などが加入する「鎌倉小町商店会」の今雅史会長はそう話す。

鎌倉小町商店会が10年ほど前に行ったアンケート調査では、７割ほどの会員が食べ歩きできる商品の販売に反対だった。「行儀が悪い」「鎌倉らしくない」といった声もあったという。

ただ、観光客からの人気は高く、５年ほど前のアンケート調査では食べ歩き反対派は5割ほどになったという。

食べ歩きを認めながら、ごみを減らすにはどうすれば良いのか――。たどりついた答えが、ごみを持ち帰る紙製のごみ袋の配布だったという。鎌倉小町商店会は２０１９年12月の２日間、観光客らに５０００枚を配った。

「鎌倉の想い出はゴミと一緒に持ち帰りましょう」

「ゴミの投げ捨てはご遠慮ください！」

「グループで立ち止まっての飲食はご遠慮ください！」

ごみ袋には、そんな言葉を日本語と英語で書いた。

耐水加工をほどこすなど工夫しており、１枚あたり85円の製作費がかかる。毎日配ることはできないが、観光客の意識を少しずつ変えたいと考えている。

今さんは、次のように話す。

「昔は商店会としてごみ箱を置いた時期もありましたが、ごみ箱の周辺も含めて山のようにごみがたまってしまいました。１つでもごみが落ちていると、すぐにそこがごみの山になります。訪日客が増える前から、ごみ問題は深刻でした」

「鎌倉の景観を維持していくのが最も大事です。四季折々の魅力が変わる美しいまちだと伝え続け、マナーの『質的な変化』が起きるよう取り組んでいきたい」

鎌倉市はＮＨＫ大河ドラマ「鎌倉殿の13人」の舞台として注目が集まり、２０２２年春以降は観光客が一気に増えている。今後は紙袋に企業名を載せて協賛金を募ることで、ごみ袋をつくるお金を捻出する考えもあるという。

民泊対策

最後に、「民泊問題」を取り上げる。民泊はコロナ前、大人数で同じ部屋に泊まりたい訪日客から人気が高かった。全国の民泊利用者の約7割を外国人が占めている時期もあった。需要が高まる一方で、夜中の騒音などによって近隣住民とのトラブルも起きていた。

民泊に法律上の定義はない。床面積などで「旅館業法」の条件を満たす場合は、営業日数の制限がない「簡易宿所」として運営する。

国家戦略特別区域法に基づく認定（特区民泊）を受けたり、２０１８年に施行された住宅宿泊事業法（民泊新法）に基づいて自治体に届け出たりして始めることもできる。特区民泊は、利用日が2泊3日以上の人たちしか受け入れることができない。一部の自治体しか認めておらず、全国の特区民泊の９割以上が大阪に集中している。

民泊新法に基づく場合は年間１８０日までしか営業できない。京都市では民泊トラブルを減らすため、住居専用地域で営業する場合は原則として１～２月の60日間に制限するなど、さらに厳しい独自ルールもつくった。

迷惑な民泊などに関する市専用窓口への通報件数は２０１６～２０１８年に年１０００件を超えていたが、２０１９年は４６８件になった。コロナ禍で宿泊客が減った影響もありそうだが、２０２０年は１５８件、２０２１年は91件と減り続けている。

ただ全国的にみると無許可で営業をしたり、ごみ出しのルールを外国人らに伝えていなかったりする民泊も目立ち、トラブルは残ったという。

２０２２年5月。民泊事業者らでつくる一般社団法人「日本民泊協会」（大阪市）の事務所で、大植敏生代表理事に民泊の実態について聞いた。大植さん自身も、コロナ前は民泊を経営していた。

「民泊をめぐる問題は、ゲスト（宿泊客）とのトラブルと、近隣住民とのトラブルの２つに大きく分けられました。ゲストとのトラブルは、清掃のクオリティーが低かったり、広告写真ではきれいなのに現地に行ったらボロボロだったりして起きました。チェックインの方法が分からないといった不満の声もありました」
「近隣住民との間では、夜中の騒音とごみ出しルール無視の２つが問題になりました。午後10時以降は騒がないなどとルールを決めて、宿泊客に周知するといった工夫が求められました。『友人を泊めているだけ』『お金は取っていない』などとウソをついて、無許可で営業している施設もありました。無許可なのかどうかの判断は、行政でも難しいのが現状です。何も対策をしないで訪日客が一気に戻れば、またトラブルだらけになる。業界として同じ轍は踏みたくないという危機感もあります」

「良い民泊」を増やすために

適切に管理、経営する民泊をどう増やすのか。そんな課題に取り組むため、協会は２０２2年7月、施設の安全性などを現地で調べて認証する初の試みを始めた。ヤミ民泊やサービスの質が低い事業者らと差別化し、業界の底上げにつなげる狙いがある。

調べるのは、施設の安全性や衛生面、運営などに関する約１１０項目。調査を望む民泊を対象に、ごみ出しルールの外国語表記や感染症対策の有無、ＡＥＤ（自動体外式除細動器）などの設置状況、近隣からの苦情受け付け態勢などを評価する。

協会に加盟していなくても、調査を受けることができる。費用は１万～２万円。安全性などが認証された民泊は、観光局や各地の観光案内所で優先的に紹介し、協会がつくる予約サイトにも載せる方針だ。

全国でも民泊の数が多い大阪府内から調査を始めて、２０２３年以降には東京や北海道など全国へ広げていく考えという。

協会が初めて現地調査をしたのが、大阪市内の民泊「ｄ３ ＨＯＴＥＬ＋」（運営会社・グレートステイ）だった。施設はコロナ禍の２０２０年、旅館業法の認可を受けて開業した。３階建てで、屋上にはサウナもある。１棟すべてを民泊として活用している。最大15人が泊まることができ、宿泊費は１人あたり１泊５０００～１万円前後という。

大植さんは約30分間にわたって施設内を見て回りながら、施設マネージャーの坪井憲太さんに質問を重ねた。

「問い合わせ対応ができる言語は?」「英語と中国語ができるスタッフがいます」

「近隣とトラブルはありましたか?」「こちらの物件ではないですね。予約時のメッセージのやり取りやチェックイン時にも、午後10時以降は静かにしてくださいとお願いしています」

「救急車や警察を呼ぶ時の対応は？」「基本的には施設にスタッフがいるんですけど、夜中は緊急連絡先に電話をいただいています」

調査では目立った問題は見つからなかったが、捨てることができるごみの種類をごみ箱に表示すればより親切だという指摘もあった。

坪井さんは調査後、次のように話した。

「認証を受けることで、安心・安全をアピールしていけたらと思います。セキュリティー面で問題がある民泊事業者も多いと聞くので、うまく差別化できれば（集客の）追い風になると思います。ちゃんとした施設が報われる方が、間違いなく良いですよね」

大植さんによると、日本民泊協会の会員はきちんと営業している施設が大半という。ただ、現地調査をすることで施設の質がさらに高まると考えている。

「たとえば浴室などの水回りはから拭きすれば清潔感が高まりますが、ぬれた布で拭いている民泊もあります。調査を通じて指導をすることもできます」

民泊の今後のあり方については、次のように語った。

「世間では民泊は安いというイメージが強いと思いますが、安く提供するのは難しいのが現状です。私も民泊を経営していましたが、清掃業者に頼めば、清掃だけでも1部屋あたり1

回４０００～５０００円もかかります。民泊の経営者が清掃をするにしても、１、２室が限界でしょう。宿泊料を１泊７０００円ぐらいにしないと、本来は成り立ちません。連泊する人が多ければ清掃回数が減って安くできますが、限界もあります。コロナ後はいままでよりも高い単価で提供し、民泊の質も高めるという考え方を徐々に浸透させたいと考えています」

「民泊業界にしかできないことは、たくさんあると思っています。ホテルや旅館では、グループで長期滞在ができて、リビングもある部屋をつくるのは難しいと思います。民泊はペットと一緒に泊まれる施設も多いです。また２０２５年には大阪・関西万博が開かれ、大阪ではＩＲの誘致計画もあります。工事関係者らが長期滞在することも増えるでしょうし、いろんな人を受け入れるには民泊も必要だと思います」

第4章　デジタル化とＳＤＧｓ

観光業でも広がるデジタル化

オンラインツアー、ネット上の仮想空間「メタバース」、存在しない空間にいるような気分を体感できるＶＲ（仮想現実）、現実の映像に架空のイラストなどを重ねられるＡＲ（拡張現実）、顔認証決済、商品のネット販売……。

コロナ禍で対面を避けるよう求められるなか、観光業界でも新たなデジタルサービスを取り入れる動きが相次いだ。日本語が話せない訪日客に楽しんでもらったり、生産性を高めたりするためにも、デジタル化は欠かせない。

数ある取り組みのなかで、筆者がコロナ後に向けて特に重要だと感じたのが、「地図のデジタル化」だ。イラスト地図をデジタル化できるサービスなどが広がっている。

地図は観光をする時の「必需品」と言える。コロナ後も観光は現地で楽しむものだという価値観は揺らがないと思うので、地図の重要性は変わらない。

デジタル化で紙の地図やパンフレットを減らすことができればＳＤＧｓの達成への貢献につながり、デジタル地図で混雑している場所を伝えることで観光公害を抑えられる可能性もある。

消費者の視点に立っても、グーグルマップを見るだけでは分からない地域の魅力を知り、大手旅行会社ではなく地域の人がオススメするお店や観光スポットを回ることができる。訪日客は、地域の情報を多言語で知ることができる。

まずは、世界に類をみない地図のデジタル化サービスで注目されている京都市のスタートアップ企業を紹介したい。

どんな地図でもデジタル表示

「多くの地域では、自分たちの良さを発信したいという思いを強く持っています。結果としてパンフレットや観光ガイドマップが各地で山積みになっていますが、どこまで流通しているかは疑問です。定期的につくり直せば、費用もかさみます」

「地元企業がつくっている商品の消費を増やすことも課題になっています。京都へ旅行に来たのに、買ったお土産が東京で製造されていたのだと後から知れば、がっかりする人が多いのではないかと思います。地産地消にもつながりません」

「観光地では数年前まで、急激に増えた訪日客に対応するので精いっぱいでした。しかしコロナ禍を経て、まち並みの美しさや特色のある工芸品などを丁寧に紹介したいという思いが強まっている印象です。地図をデジタル化すれば若者の目にもとまりやすくなるので、幅広い層に地域の魅力を伝えることができます」

２０２１年11月、大阪市内にある観光のスタートアップ支援拠点「ＭＵＩＣ Ｋａｎｓａｉ」。取材に応じてくれた「Ｓｔｒｏｌｙ（ストローリー）」の高橋真知社長は、地図をデジタル化する意義についてそう語った。

ストローリーは世界でほかにない独自の技術を持ち、国際特許を取得した。それは「どんな地図にもＧＰＳ（全地球測位システム）の機能を付ける」というものだ。地図の縮尺が合っていない数百年前につくられた古地図や、手書きのイラスト地図でもデジタル化でき、地図上で自分がどこにいるのか分かる。

利用者はデジタル地図上でチャットをしたり、動画や音声ガイドを楽しんだりすることもできる。前日までに混雑していた地域が「赤く」表示されるので、混雑しそうな人気スポットを避けて通ることもできる。

高橋さんは米国の大学で美術史を学んだ。１９９６年に卒業し、日本のソフトウェア開発会社で勤務した後、国際電気通信基礎技術研究所（京都府精華町）で働いた。研究所の社内ベンチャーで生まれたストローリーの技術の事業化を担い、２０１６年にマネジメントバイアウト（経営陣による買収）で独立した。社名は「Ｓｔｒｏｌｌ」（散歩する）と「Ｓｔｏ ｒｙ」（物語）を掛け合わせた造語という。

楽しいマップで地元産品を売り込む

ストローリーのウェブサイトには、これまでにつくられた40を超える国・地域の１万枚以上の地図が載っている。見るだけなら、いずれも無料だ。

岐阜県の世界文化遺産・白川郷の地図では、合掌造りの家屋の場所や情報などが表示される。大分県別府市の明礬《みょうばん》温泉の地図では、旅館ごとに温泉の効能などが分かる。

公益社団法人「京都府物産協会」（京都市）は２０２１年11月、ストローリーの技術でつくったイラスト地図「京都のれん会マップ」を自らのウェブサイトで公開した。

スマホやパソコンで地図のリンクを開くと、二条城や清水寺などのカラフルなイラストが描かれた観光地図の上で、ＧＰＳによって自分の位置が分かる。地図には周辺の工芸品店や和菓子店など１６０超の店舗を示す「うちわ」のマークが並び、それを押すとお店の簡単な説明や住所、営業時間、ウェブサイトのＵＲＬなどが表示される。

観光客にマップを見ながら買い物などを楽しんでもらうのが狙いで、協会はマップをＳＮＳやチラシで観光客らに周知していく考えだ。

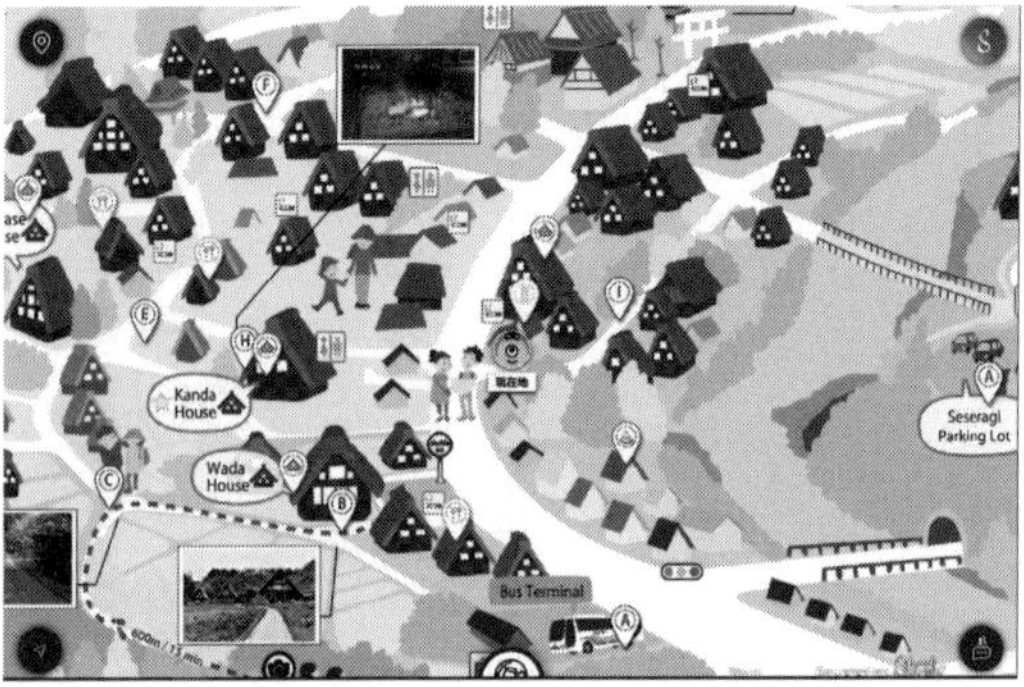

岐阜県の白川郷のイラスト地図
（ストローリーのウェブサイトより）

大分県の明礬温泉のイラスト地図
（ストローリーのウェブサイトより）

京都府物産協会の「京都のれん会マップ」（ストローリー提供）

京都府物産協会の伊藤忠弘副会長は次のように話す。

「協会のウェブサイトは以前からつくっていましたが、もう一歩進んだデジタル化の取り組みに挑戦してみようと思いました。老舗などは自分たちのウェブサイトをつくることまで手が回っていないことも多いので、協会として地域の情報をデジタル化できれば喜ばれると考えました。目抜き通りに面していないお店にも、来店客が増えて欲しいです」

「京都の本物で価値がある商品をお客さまに届けたいという思いは、昔からずっと変わりません。一方で、顧客層が高齢化しているお店も多い。デジタル地図を見た若い人が関心を持つきっかけになればと思います」

検索で引っかからない情報を

地場の土産物などは、ネット検索でも調べることができる。それでも、ストローリー社長の高橋さんは次のように強調する。

「『和菓子10選』などのまとめサイトがたくさんありますが、特定のお店に偏ったり、地理的にかなり離れた地域の情報をまとめたりしている場合も目立ちます。自社のウェブサイトがない老舗企業もあり、ネット検索では引っかかりません。自治体や観光協会がイラスト地図をつくり、その地図をデジタル化すれば、地元企業の良さや特徴を伝えやすくなります。地域の商品は文化や歴史を色濃く表しています。和菓子屋さんが存続できれば、お茶文化を残すことにもつながります」

「デジタル化すれば、スタンプラリーなどをする時に地図をつくり直す必要はなく、多言語でも表示できます。同じまちでも１００人いれば１００通りの見え方があるので、地域の良さを発信したいという思いを後押しできればと考えています。デジタル化されていない地図はまだまだ多いので、情報発信を強化してサービスを広めたいです。現状では2～3時間で手書きの地図をデジタル化できますが、さらに簡単に取り組めるような仕組みも考えていくことが課題です」

デジタル化をしたい自治体や企業はまず、ストローリーの営業担当に問い合わせる。そのうえでウェブサイトに地図の画像ファイルをアップロードし、地図に表示したい名所や店の

東京都とストローリーの実証実験で使った地図
（ストローリーのウェブサイトより）

住所や紹介文などを登録していく。デジタル地図をつくるのは有料で、料金はスタンプラリーなどの機能をどれだけ加えるかによって異なる。１枚あたりで月１万円以上が目安になる。

　自治体や企業からの引き合いは続いており、２０２１年10～12月には東京都と組んで実証実験をした。ストローリーの技術で、新宿・歌舞伎町などのまち並みのイラスト地図に店舗の情報などを載せてウェブで公開し、利用状況を調べた。ＪＴＢと業務提携を結ぶなど、大手企業からも注目されている。

　ストローリーの調べによると、国内でレジャー施設やホテル、観光協会、自治体などが計約20万種類のイラスト地図をつくり、配布している。印刷代などで１つの地図に年１億円近くを使う場合もあるという。

デジタル地図による「事前」の情報発信

２０１９年に創業したベンチャー企業の「ボールドライト」（東京都新宿区）でも、地図のデジタル化サービスを提供している。

交通情報やバス停の時刻表、観光スポットの混雑状況や待ち時間といった幅広い情報を１つのデジタル地図で表示できるのが特徴だという。

デジタル地図上でバスや船の絵が動き、それらがいま走っている「現在地」も視覚的に分かる。地域のイラスト地図がない場合でも、グーグルマップのような既存のデジタル地図に観光スポットの情報を埋め込むことができる。観光地のほか、デパートのフロアマップなどのデジタル化も進めている。

宮本章弘社長は「地域の方が自ら情報の登録や発信ができないと、デジタル化は進まないと考えています。デジタル地図上で簡単に情報を追加したり消したりできるよう、サービスをつくりました。継続して使っていただけるツール（道具）になるよう考えて開発しています。旅行者らがデジタル地図を操作した時に情報が表示されたり、バスが走ったりする動きも重くならず、なめらかです」と話す。

ボールドライトの地図は、ＡＮＡ（東京都港区）やルミネ（東京都渋谷区）といった大手企業のほか、東京都、岡山県、佐賀県など各地の自治体も導入している。

利用料金は地図に登録する飲食店などの数で異なり、１枚の地図あたり１００カ所までなら月７９８０円。登録の作業は、自治体などが自分たちでできる。

一般財団法人「渋谷区観光協会」は２０２１年6月、ボールドライトのサービスを使い、デジタル地図をつくった。デジタル地図には、４００以上の飲食店や宿泊施設などの情報を登録している。スタンプラリーの機能を備え、「食べる」「遊ぶ」「泊まる」など目的に合わせたスポットだけを表示することもできる。

地場のお店を中心に約70店が並ぶ東京都渋谷区の西原商店街では２０２２年3月、渋谷区観光協会のデジタル地図を生かしたスタンプラリーをした。

対象の9店舗にあるＱＲコードをスマートフォンなどで読み込むと、スタンプがたまる。獲得数に応じて松阪牛などが当たる抽選に応募できるようにした。デジタル地図に載っている西原商店街の約50店舗で食事や買い物をした顧客には、その場で使える１００～５００円の割引クーポンを提供した。

西原商店街振興組合の西野英雄理事長は「コロナ禍でお祭りなどのイベント開催が難しいなか、いままでとは違う方法で個々のお店を活性化する方法を考えました」と振り返る。おもな顧客が高齢者のため、デジタル導入に乗り気でない店舗もあった。今後のデジタル化の必要性を訴え、最終的には大半の商店が賛成したという。スタンプリーは20日間にわたって実施したが、割引クーポンのために用意した予算が10日ほどで尽きるなど好評だったという。

渋谷区観光協会の広報担当者は「現地には観光案内所や紙の地図も用意していますが、デジタル地図なら渋谷に来ていただく前にも広く情報を届けることができます」と話す。協会に関わりがない店舗の登録をいかに増やすかなどが課題という。

オンラインツアーはなくならないのか

コロナ禍で観光業のデジタル化の取り組みとして注目されたのが、「オンラインツアー」だった。海外の景色などを簡単にのぞくことができるので、外出の自粛を求められた期間に利用した人も多かった。

トラベルズー・ジャパン（東京都新宿区）の２０２１年６月の調査によると、コロナ収束後もオンラインツアーに参加したいと答えた人が、半数を超えた。参加目的（複数回答）としては、「将来の旅行の情報収集として（旅の予習）」が最多の65・1％だった。「オンラインツアー自体への興味」（43・0％）、「リアルな旅行の代替として」「過去に訪問歴のある

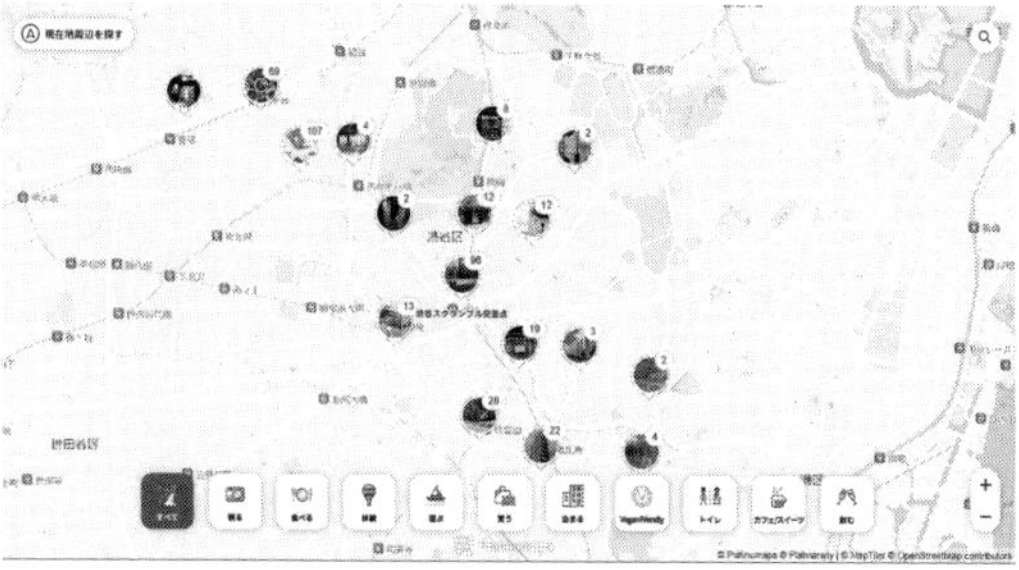

渋谷区観光協会がつくったデジタル地図
（協会のウェブサイトより）

国・地域の今を知るため（旅の復習）」（いずれも34・9%）が続いた。

三菱ＵＦＪリサーチ＆コンサルティング（東京都港区）が２０２２年５月に発表したレポートによると、オンラインツアーに初めて参加した目的として「リアルツアーの代替」だけを挙げた人は、１割強にとどまる。９割近くの人は、それ以外の目的も見いだしている。

現地に行って楽しむという旅行の価値は変わらないだろう。ただオンラインツアーはコロナ後も、現地ツアーをより楽しむための手段として一定の需要が残りそうだ。

観光スポットめぐりではなく、人に会うことをツアーの目的に掲げる旅行会社の「あうたび」（東京都北区）は、コロナ禍が始まった直後の２０２０年４月からオンラインツアーを開いてきた。現地ツアーも催し、相乗効果を生んでいる。

２０２２年５月、１泊２日の現地ツアーが山形県長井市で開かれた。日中には「鈴木酒造店長井蔵」で酒づくりをする鈴木大介さんらを訪問。酒づくりの工夫や思いを聞いた。横浜市から参加した女性は「日本酒が好きで、つくり手がどんな思いで仕事をしているのかに興味がある。鈴木さんの話を聞いてファンになり、会いに来ました」と話した。以前にあうたびのオンラインツアーに参加し、鈴木さんを知ったという。

鈴木酒造店は福島県浪江《なみえ》町で創業したが、２０１１年に起きた東日本大震災の津波で酒蔵が流された。鈴木さんは浪江町のお酒の復活を求める声を受け、同年に山形県長井市の酒蔵を引き継いで酒をつくり始めた。２０２１年には、浪江町でも酒づくりを再開している。

一般社団法人「やまがたアルカディア観光局」（長井市）によると、あうたびのオンラインツアーで山菜採りの職人に関心を持った観光客が市内を訪れ、４連泊したことがあった。市内で４連泊する人は、ほとんどいないという。

あうたびの唐沢雅広代表は次のように話す。

「ガイドブックには、ありきたりの観光地しか載っていないことが多い。農業の現場や酒蔵で働く人たちの情報をオンラインツアーで知ってから現地に行くと、違った楽しみ方ができると思います」

「オンラインツアーで事前に知り合った人に会うためなら、交通費が多少高くても現地を訪れる人が多いと思います。温泉に行きたいだけなら近場でも済ますことができますが、『この人に会いたい』という目的を達成するには、その土地に行くしかありません。しかも、何回もリピートして訪れてくれる可能性が高い。有名観光地ではない地域が観光客を呼び込むには、人を通じて地域のファンを増やすのが大事です」

Vチューバーと連携

前出のトラベルズー・ジャパンの調査によると、参加したオンラインツアーの料金は「無料」が61・5％で最多だった。無料から4000円までの価格帯で、全体の9割を占めた。あるオンラインツアー関係者は「値段が1万円を超えると、ほとんど集まりません。現地で雇うガイドの費用などを考えると、オンラインツアー自体で利益を上げるのはかなり難しいです」とこぼす。

そんななか、高めの料金設定でも人気のオンラインツアーを企画して、注目されている企業がある。香川県琴平町のバス会社「琴平バス」だ。

琴平バスが各地で開くのが、Vチューバーと連携したツアーだ。Vチューバーは「バーチャルユーチューバー」の略称。架空のキャラクターがネット上で踊ったりゲームの実況をしたりする動画が近年、人気を集めている。

２０２２年１月には、四国４県のご当地Ｖチューバーと連携して、香川県の名所をめぐる約１時間半のオンラインバスツアーを開いた。参加費は１人あたり１万５０００円だが、10人以上が集まった。

バスの車窓から見える景色がウェブ上で流れ、県内のうどん店の数などを問うクイズの時間もあった。Ｖチューバーは「県民それぞれ好きな店が違うので、香川に来た時はうどんの食べ比べをしてください」と呼びかけた。

その後は、「こんぴらさん」の呼び名で親しまれる金刀比羅宮《ことひらぐう》や、カタクチイワシを煮て干した「いりこ」で有名な伊吹島《いぶきじま》などをめぐった。

参加者には事前に、伊吹島のいりこを使った「アーモンドフィッシュ」、さぬきうどん、コーヒーのドリップパックなどが郵送され、食事をしながら解説を聞くことができた。また参加者もキャラクター（アバター）の姿で画面上に映ることができるようにした。

参加した男性は「オンラインツアーやＶチューバーは、若い世代と親和性が高いのかなと思います。自分もアバターになって、日常から離れて観光気分を味わえるのはすごく良かったです」と話した。別の男性は「『こんぴらさん』は何度か行ったことがありますが、オンライン越しだと新鮮な気持ちで見ることができました」と語った。

琴平バスの楠木泰二朗社長は、次のように話す。

「ツアーの値段は高めですが、そもそもVチューバーにファンがいるので一定の需要があります。Vチューバーは普段から地域を紹介する動画を配信し、話し慣れている方が多いので、オンラインツアーとの相性はすごく良い」

「オンラインツアーの成功の秘訣は、似たようなツアーを定期的に開いて、同じ関心を持つ方々の『コミュニティー』（共同体）をつくることだと思います。無料やワンコインで開くと続けるのが難しくなるので、地域の商品を事前に自宅に郵送するなどしてツアーの価値を高め、一定の料金に引き上げることも重要です」

琴平バスは、２０２０年5月からオンラインバスツアーを開いている。当時は「ステイホーム」がさけばれ、既存のバス事業の売り上げが9割以上減った。リピーターの顧客に会える場所をつくりたいという思いで、オンラインツアーを始めたという。延べ参加者は２０２１年末までに８０００人を超え、首都圏の在住者が半数ほどを占める。参加者にアンケート取ると、「現地に行きたい」と答える人が8〜9割に上るという。

楠木さんは、あまり知られていない観光地を紹介できるというオンラインツアーの特徴は、コロナ後も生かせると考えている。外国人向けのオンラインツアーも、引き続き開く考えだという。

「私たちは『創客』というコンセプトを大切にしています。ファンやリピーターを増やすには、コミュニケーションが大事です。オンラインツアーはその役割を果たせると思います。『こんぴらさん』にお参りにくる人が日帰り客ばかりだと、地域と関わる機会がほとんどなく、魅力的な土産物店や飲食店が素通りされてしまいます。これでは地域の経済はうるおわず、観光がいつか枯れてしまいます。現状ではダメだという思いはありましたが、コロナ前はインバウンドも増えて絶好調だったので、中長期の課題が見過ごされてきました」

「旅行者が地域のことを事前に理解していたら、地域の人に愛されているお店で食事をしたり、旅先での振る舞いを考えたりする動きが広がると思います。結果として、地域側も受け入れる気持ちを持つことができます。オンラインツアーは、オーバーツーリズムの課題の解決にもいくらか役立つと思います」

道頓堀商店街の顔認証決済

「デジタル化」という切り口では最後に、日本有数の観光商店街である道頓堀商店街（大阪市）の取り組みを紹介したい。本書の「はじめに」で紹介した繁華街・ミナミにある商店街だ。コロナ後を見据え、地域が一体となってデジタル化を進める実証実験を続けてきた。「地域全体」をデジタル化する試みだ。

実験をしたのは、道頓堀商店会、ＪＴＢ、パナソニック（東京都港区）、公益財団法人「大阪観光局」（大阪市）などでつくる「道頓堀ナイトカルチャー創造協議会」。大手企業の知恵と技術を生かしてより良い商店街をつくろうと、２０１９年に立ち上がった。

２０２１年12月の実験には、道頓堀商店会に加盟する17店が参加した。試みのひとつが、顔認証決済の導入だった。

商店街として顔認証決済を取り入れるのは国内で初めて。観光客らはウェブ上で自分の顔画像やクレジットカード番号などを事前に登録しておく。そのうえで、商店街の飲食店や土産物店などで買い物をする時に、タブレット端末に顔をかざして暗証番号を打ち込む。すると事前登録された情報と照合され、支払いができる仕組みだ。財布やスマートフォンがなくても、「手ぶら」で買い物ができる。

またＡＲの技術を生かし、店の前などでスマートフォンを使って写真を撮ると、画面上にキャラクターが表示されるようにした。周りの景色と組み合わせた写真や動画を撮ることができる。現地でしか楽しめないサービスを充実させることで、観光客を増やす狙いがある。

このほかにも、ウェブで楽しめる「バーチャル商店街」というサービスを企画した。ＶＲで実際に商店街を歩いているような体験をして、店をＰＲする動画などを見ることもできる。まち並みを日中や夜間、大正時代の商店街にも変えることができ、出かける前に商店街への興味を高めてもらえるようにした。

一連のデジタル技術の導入で観光客の利便性を高め、多くの店に関心をもって商店街を回ってもらうことで「３密」の回避につなげる狙いもあった。

パナソニック統合型リゾート（ＩＲ）事業推進本部の担当者は、実験前に開いた記者会見で「ウィズコロナ、アフターコロナの時代に安心・安全な観光を実現するため、サービスモデルの構築を進めたい。今回の実証実験を皮切りに、全国の商店街や観光地でサービスの提供、拡大を進めていきます」と話した。

道頓堀商店街での実証実験ではタブレットやスマートフォンをかざすと店の混雑情報などがARで表示された

実験の成果と課題

道頓堀ナイトカルチャー創造協議会によると、実験期間中（20日間）の顔認証決済は７００回以上に上り、約9割の利用者が使い勝手について「満足」と答えたという。

道頓堀商店会の上山勝也会長は「顔認証決済については、お客さまの利便性が高まると分かった。今後、正式に導入しようかと考えています」と話した。

上山さんが経営する「串かつだるま」も顔認証決済の実験に参加した。店では精算のスピードが大幅に上がったわけではないが、たこ焼き店など客の入れ替わりがより頻繁な飲食店では効果が大きいと考えている。

一方で、課題もみえた。道頓堀商店会の事務局の担当者は、顔認証決済の利便性を知ってもらうため、道頓堀以外の地域でも利用できるようにする必要性を感じたという。「顔認証決済ができるだけでは面白くない。市内5カ所で決済すれば景品を出すなど、『もうひとつのメリット』が求められると思います」と語った。

一般社団法人「日本デジタルトランスフォーメーション推進協会」（東京都千代田区）の櫻木諒太事務局長は「商店街は個店の集まりなので、（決済や情報発信など）すべてをデジタルに変えようとすると反対意見も出てきます。何を達成したいのか、商店街としてビジョンを決めないとデジタルトランスフォーメーション（ＤＸ）は続きません。商店街でデジタルに詳しい若い人が、自由裁量でデジタル化に取り組めるようにするのも大切です」と話す。

ＤＸに注力する理由

道頓堀ナイトカルチャー創造協議会は２０２２年3～4月には、「道頓堀ＸＲパーク」と題した催しを開いた。ＸＲとは、ＡＲやＶＲなどをまとめて表現する時の言葉だ。

商店街に行って、催しに参加する7店舗の外観を専用アプリでうつす。すると店舗の混雑情報や、店内の二酸化炭素濃度をもとに判断した換気の状況が画面上にＡＲで表示される。アプリで商店街のまち並みを写せば、２０２５年大阪・関西万博の会場イメージ図などもＡ

Rで見ることができた。

画面上で魚釣りゲームなどをすると、商店街のお店でたこ焼き増量などのサービスが受けられるクーポン券も発行した。ウェブ上で立体的に再現した道頓堀商店街を自身のアバター（分身）で散策できる「バーチャル道頓堀」も設け、出かける前に自宅などで商店街を楽しめるように工夫した。

すでに人気観光地として定着している道頓堀商店街が、なぜここまでデジタル化に本腰を入れるのか。道頓堀商店会会長の上山さんは、次のように話す。

「道頓堀は歴史や文化があるエンターテインメントのまちで、商店街は大阪、日本を代表する観光地です。ただコロナ前はインバウンドが来てくれた時、夜にどう遊んでお金を使ってもらうかが課題でした。また、まちを歩けなくなるほどの観光客が来て、オーバーツーリズムも起きていました。ごみをポイ捨てしたり、列に並ばなかったりする人もいて、商店街でも問題視していました」

「VRなどでの新たな情報発信で道頓堀に関心を持ってもらえれば、商店街での夜の滞在時間を延ばせるかもしれません。財布を持ち歩かなくて良いので、買い物の安心・安全にもつながります。オーバーツーリズムの問題を解決するためにも、先端技術を生かしていろんな店の情報を発信し、混雑を回避してうまく回ってもらえるようにしたいと思っています。『道頓堀はすごい』とうわさになれば、地方の商店街でもデジタル化が広がる可能性があるのではないかと期待しています」

ＳＤＧｓと観光

ここからは、ＳＤＧｓ（持続可能な開発目標）について取り上げる。

ＳＤＧｓは２０１５年、国連サミットで採択された。「ジェンダー平等を実現しよう」「気候変動に具体的な対策を」「住み続けられるまちづくりを」「働きがいも経済成長も」といった17目標を、２０３０年までに達成する方針を掲げている。多くの企業がＳＤＧｓを意識し、社会への貢献を打ち出すようになっている。

これまで取り上げてきたお祭りの振興や観光公害への対策、デジタル化などもＳＤＧｓに関わる取り組みだ。紹介し切れていない観光業の動きのなかで、ＳＤＧｓの達成につながるようなテーマに焦点を当てたい。

まずはアメニティーの「脱プラスチック」だ。

２０２２年４月、「プラスチック資源循環促進法」という新たな法律が施行された。スーパーマーケットなどの小売業や飲食業のほか、宿泊業にも使い捨てプラスチック製品の削減を求めた。

対象は全12製品。宿泊業では、歯ブラシ、カミソリ、ヘアブラシ、クシ、シャワーキャップなどが対象になった。

国は対象のプラスチック製品を無料で年5トン以上配っている事業者には、削減の取り組みが不十分な場合、勧告や命令を出す。命令に従わない場合は、50万円以下の罰金を科す可能性もある。

プラスチック製品の提供量が年5トンを下回る事業者にも、削減の目標や取り組みの成果を自社のウェブサイトなどで公表するよう求めている。

各地のホテルを訪ねたりオンライン取材を依頼したりして、「脱プラ」に向けた動きを追った。

脱プラの具体策

琵琶湖畔の琵琶湖ホテル（大津市）は２０２２年４月から、客室にプラスチック製の使い捨てアメニティーを置くのをやめた。その代わりに、持ち手が竹製の歯ブラシや木製のヘアブラシを希望者に有料で売り出した。使用後も自宅で使ってもらえるよう、持ち帰りの袋も用意している。

前田義和総支配人は「環境への影響を無視して営業すれば、お客さまから選ばれない時代になる」と説明する。コロナ前、欧米からの訪日客は特に、環境に配慮する意識が高い人が目立ったという。「脱プラ」に積極的に取り組むことは、将来的にホテルのブランド向上にもつながると考えている。

琵琶湖ホテルなど計５ホテルを運営する京阪ホテルズ＆リゾーツ（京都市）はほかの４ホテルでも同じように、４月から客室にプラスチック製の使い捨てアメニティーを置くのをやめた。

有料で販売したり、フロント横の棚に無料の歯ブラシを置いたりしている。京阪ホテルズ＆リゾーツは５ホテルで計約９００の客室を持ち、コロナ前の２０１９年度には国指定のプラスチック製品の提供が計５トンを超えていたという。

削減効果はどれだけあるか

使い捨て歯ブラシをやめるだけでも、大手のホテル・旅館ではそれなりのプラスチック削減効果が期待できる。

仮にプラスチック製の歯ブラシ１本を10グラムとすると、５トンは50万本に相当する。７００室弱のホテルで稼働率を１００％とした場合、１部屋で毎日歯ブラシを２本ずつ使うと、歯ブラシだけで年５トンのプラスチックごみが出る計算になる。

京阪ホテルズ＆リゾーツの担当者は、有料化などの一連の対応で「歯ブラシのプラスチックごみを半分ほど削減できる見通しです」と話した。琵琶湖ホテルでは、約８割の宿泊客が歯ブラシを持ってくるようになったという。

阪急阪神ホテルズ（大阪市）も２０２２年４月から、全国の直営18ホテル（計約６０００室）にプラスチック製の歯ブラシ、ヘアブラシ、カミソリを置くのをやめた。

希望者にはアメニティーをフロントで手渡ししたり、フロント横の棚から取ってもらったりするようにした。ホテル内にあるレストランの持ち帰り商品用のスプーンやフォークは以前から木製に替えるなど、環境に配慮する取り組みを進めている。

プラスチックのごみを減らそうと、環境への意識が高い顧客向けの宿泊プランを用意するホテルもあった。

箱根仙石原プリンスホテル（神奈川県箱根町）では２０２１年11月から２０２２年３月末

まで、「プラスチック製アメニティー削減宿泊プラン」を売り出した。客室に歯ブラシやカミソリなどは置かず、それによって削減できた資金の一部を箱根の自然景観や歴史的文化遺産を守る事業に寄付する仕組みだ。

売れ行きなどを踏まえ、その後は販売していない。

箱根仙石原プリンスホテルを運営する西武・プリンスホテルズワールドワイド（東京都豊島区）では２０２２年４月から、「脱プラ」の新たな取り組みとして、歯ブラシやカミソリなどのアメニティーを持参するよう全国のホテル（一部施設を除く）で呼びかけている。宿泊客が客室の使い捨てアメニティーを使わなかった場合は、それらの金額分をホテルが立地する自治体に寄付し、自然の保全活動にあててもらう。

星野リゾート（長野県軽井沢町）ではすべてのホテルで客室にペットボトルを置くのをやめるなど、「脱プラ」を進めてきた。

星野佳路代表は２０２２年１月のオンライン取材で、「歯ブラシを置くより、お菓子やウェルカムドリンクの質を上げる方がお客さまに喜んでもらえるかもしれない」と指摘。「自分の歯ブラシと歯磨き粉を持ってきていただけるようお願いするなど、お客さまの変化を促す発想も大事だと思います。事業者側の採算が合い、環境にもプラスになるよう考える必要があります」と話した。

各フロアにウォーターサーバーを設置

中小規模の宿泊業者でも、取り組みが広がっている。

夏には多くの海水浴客らでにぎわう和歌山県白浜町。温泉旅館の「湯処むろべ」（22室）では２０２１年秋から、客室に置くアメニティーをタオル、バスタオル、歯ブラシの3つに減らした。歯ブラシは、古米などを混ぜ込んでプラスチック使用量を半分にした製品に替えた。この後に紹介する山陽物産（愛媛県松前町）の製品だ。

むろべの担当者は「ＳＤＧｓの達成をめざす世界的な流れのなか、できることはないかを考えました」と話す。

このほか、フロント近くには「アメニティーＢＡＲ」を設けた。メイク落としやマスクなど約20種類をそろえ、宿泊者は3点まで無料で使えるようにした。ホテル全体のアメニティーの使用量が減り、プラスチック削減につながっているという。

京都市の「ＧＯＯＤ　ＮＡＴＵＲＥ　ＨＯＴＥＬ　ＫＹＯＴＯ」（１４１室）は２０２１年夏からすべての客室にタンブラーボトルを設置し、滞在中に各フロアにあるウォーターサーバーから給水できるようにしている。

客室には水入りのペットボトルも置くが、タンブラーを使う人を増やしてプラスチックごみを減らす狙いがある。館内には、自動販売機も置いていない。２０１９年の開業時から客室には歯ブラシを置かず、宿泊客に持参するよう呼びかけてきた。いまは宿泊客の約８割が自前で歯ブラシを持ってくるという。

組合が脱プラ「行動宣言」

滋賀県旅館ホテル生活衛生同業組合（大津市）は２０２２年１月、全国でも珍しい「ＳＤＧｓ行動宣言」を発表し、話題を呼んだ。

「環境と観光の共生地」をめざし、加盟する約１８０の宿泊施設で２０３０年までにプラスチック製アメニティーのごみをなくす方針を打ち出した。加盟する宿泊施設の大半は使い捨てプラスチック製品の提供量が年5トン以下とみられ、罰金などは科されないが、環境に配慮する取り組みが地域のブランド向上につながると考えた。

２０２２年２月、滋賀県守山市で開かれた組合の例会。前川為夫理事長は「２０３０年までにアメニティーのプラスチックごみをゼロにしようと宣言した。（観光客から）選ばれる滋賀になるよう、一緒に取り組んでいきたい」と呼びかけた。組合ではプラスチック製以外のアメニティーの購入価格を下げられるよう協賛企業と連携したり、歯ブラシの持参などを呼びかけるチラシを各ホテル・旅館の部屋に貼ったりすることを考えている。

一方で、対応を決めかねる声も聞かれた。ビジネスホテルの経営者は「アメニティーは質を上げてもお客さまは増えにくいが、質が悪かったり置かなかったりすると、不満要因にはなります」と打ち明けた。別のホテルの経営者も「ビジネスマンは歯ブラシを持ち歩く時代になると思うので、多くの荷物を持ち歩けない観光客向けの対応がカギになる。プラスチック製以外のアメニティーは値段が高い傾向にあるのが気になるし、使い勝手も良くないと導入は難しいです」と話した。

アメニティーの素材が多様化

「脱プラ」の流れを受け、プラスチック以外の素材でアメニティーをつくる企業が増えている。

ホテルやレストラン向けの店舗プロデュースを手がける豊和（名古屋市）は、持ち手が竹製の歯ブラシなどを２０２０年から売り出した。

竹は育つ速度がはやく、その過程で二酸化炭素も吸収する。自然素材なので、使った後は土にかえる。箸を使う日本人には慣れ親しんだ素材でもあると考えた。一般的な歯ブラシと比べて、プラスチック使用量を９割以上減らしたという。

値段はプラスチック製より２～３倍高いが、全国各地の宿泊施設で採用され、問い合わせ件数は発売当初の２倍ほどに増えた。プラスチック資源循環促進法の施行を受けてプラスチック製から切り替える宿泊施設も多く、累計１００万本以上が売れた。

開発したのは、山本美代取締役だ。

きっかけは２０１８年12月、出張先の北海道のホテルでの出来事だった。いつものように歯ブラシで歯を磨いていると、ふと思った。「わたしは夜と朝にこれを使って、すぐに捨ててしまうんだな」

そのホテルは、約３００室あった。単純計算で、１晩で３００本以上がごみになる。日本中、世界中のホテルに換算すると、すごい本数になってしまう――。

ベルギー、オランダなどの環境活動家やデザイナーを訪ねて話を聞き、考えついたのが竹製の歯ブラシだった。山本さんは「特に若い世代は環境への意識が高く、長く使っていただける商品が喜ばれる時代になったと思います。ホテルの歯ブラシを使った後に持ち帰り、日常生活でも使ってもらう循環を生み出したい」と話す。

山本さんの発案で、２０２２年４月には「歯磨きペーパー」も売り出した。ペーパーは縦16ミリメートル、横23ミリメートル。歯ブラシのブラシ部分に差し込んで口に含むと、唾液に反応して泡立つ仕組みだ。

歯磨き粉を入れておくチューブが不要になるので、従来よりもプラスチックを98%減らせたという。ホテルやドラッグストアからの引き合いが増えている。

米や紙も活用

アメニティーを製造する山陽物産が開発した歯ブラシは、持ち手のプラスチックに古米や砕米《さいまい》などを35%配合している。

強度を保つため、米だけではつくれないという。持ち手の一部に穴もあけ、通常のプラスチック製の歯ブラシと比べて、プラスチック使用量を半分ほどに抑えた。宿泊施設向けの販売価格はプラスチック製とほぼ同じという。

約15年前にできた製品だが、当初は数軒の宿泊施設でしか採用されなかった。だが２０２1年末から問い合わせが一気に増え、全国の３００以上のホテル・旅館で採用されるようになったという。

武内英治社長は「環境への顧客の目が厳しくなり、宿泊施設の動きが活発化しているのだと思います」。コロナ禍で経営が苦しいなかで、売り上げを支える製品に成長した。

刃物などを製造する貝印（東京都千代田区）は、刃以外が紙製のカミソリを開発した。組み立て式なのでかさばらず、旅行客の持ち運びにも便利という。２０２２年３月から全国のローソンで売り出しており、今後は宿泊施設への販売も考える。担当者は「紙なのでホテルのロゴマークなども印刷しやすいです。将来的に選択肢のひとつになれば」と話した。

ＬＧＢＴＱツーリズム

ＳＤＧｓに関連する動きとしては最後に、「ＬＧＢＴＱツーリズム」を取り上げたい。

ＬＧＢＴＱは、性的少数者を意味する英単語の頭文字を組み合わせた言葉だ。

自分が女性で同性を好きになる「レズビアン（Ｌ）」、自分が男性で同性を好きになる「ゲイ（Ｇ）」、どちらの性別も好きになる「バイセクシャル（Ｂ）」の３つは、性的指向を表している。

「トランスジェンダー（Ｔ）」は性自認に関する言葉で、自分が認識している性別が、身体構造上の性別と合わない人を指す。「クエスチョニング（Ｑ）」は性的指向や性自認が定まっていない、もしくは意識的に定めない人のことだ。

ＬＧＢＴＱツーリズムとは、性的少数者を顧客に想定した旅行のことだ。多様な観光客を受け入れる十分な態勢ができれば、観光地のブランド力の底上げにつながると期待されている。

そんな態勢をつくるには、どうすれば良いのか。現場の取り組みを取材した。

通訳案内士の研修会

２０２２年４月。一般社団法人「九州通訳・翻訳者・ガイド協会」（福岡市）と日本通訳案内士団体連合会が、通訳案内士向けのＬＧＢＴＱセミナーをオンラインで開いた。約2時間にわたり、全国の２００人以上が耳を傾けた。

セミナーではまず、自身がゲイでもある通訳案内士が講演。ＬＧＢＴＱの人たちに寄り添いたいと考えて支援する人を「ＡＬＬＹ（アライ）」、性的指向と性自認を合わせて「ＳＯＧＩ（ソジ）」と呼ぶことなど、基本的な知識について解説した。

そのうえで、通訳案内士として働くなかで注意すべき点にも触れた。

「女装している男性はトランスジェンダーだと思う人もいるかもしれませんが、そうとは限らないことを押さえてください」

「目の前に、マツコ・デラックスさんがいるとします。ＨＥ、ＳＨＥ、ＴＨＥＹのどれで呼びかけますか？」「決めつけない、というのが答えです。本人にどう呼んで欲しいか尋ねてください」

「ゲイのカップルがいて、ＨＵＳＢＡＮＤ、ＷＩＦＥのどちらで呼べば良いか悩むと思いますが、ＰＡＲＴＮＥＲと呼ぶことが多いです」

講演の後は、九州通訳・翻訳者・ガイド協会の水谷みずほ会長ら５人を交えて、トークセッションをした。

多様な人たちに接する時の心構えについては「相手の立場で考える」「自分も多様性のなかの一要素で、自分がすべてではないと認識する」「（観光の体験プログラムなどで）性差なく選択肢を示す」といった意見が出ていた。

その後は、登壇者が視聴者からの質問に答えた。

Ｑ 「性自認が女性で体が男性である宿泊者の方が温泉に入ることを望まれた場合、どうご案内すれば良いですか」

A「リクエストされている内容を傾聴するようにしてください。聞いたうえで、(要望に)できるだけ近づけていくしかないと思います」

Q「性別によって言い回しが違う場合、たとえば沖縄で『こんにちは』とあいさつをする時に使う『ハイサイ』と『ハイタイ』はどう表現したら良いですか」

A「伝統的にはこうですが、使う時には好きな方を使ってくださいというのが良いのではないかと思います。あなたが選ぶのはご自由です、というチョイスを与えるのはすごく良い対応だと思います」

水谷さんはセミナーの終盤、「柔軟性、寛容性の2つがツアーでは大事だなと、いつも感じています。これは言ってはいけないと、あまり構えすぎないのも重要かなと思います」と意見を述べた。

ありのまま過ごせる旅を

ＬＧＢＴＱへの理解を広めるビジネスをしているマーケティング会社「アウト・ジャパ

ン」（東京都新宿区）の小泉伸太郎会長にも話を聞いた。

小泉さんは１９６８年生まれ。ゲイを自認している。大学卒業後、ホテルやスキーリゾート開発会社で20年間働いた。２００９年に旅行のコンサルティング会社を立ち上げ、その後はアウト・ジャパンの経営も担うようになった。２０１９年からは、大阪観光局のＬＧＢＴＱアドバイザーも務める。

ちなみに、大阪観光局のＬＧＢＴＱツーリズムの取り組みは、全国の観光振興に取り組む組織のなかでも先進的とされる。２０２４年に開かれるＩＧＬＴＡ（国際ＬＧＢＴＱ＋旅行協会）の世界総会の誘致もめざしている。

そもそも、小泉さんはなぜＬＧＢＴＱを支える活動を始めたのか。２０２２年４月にオンライン取材で尋ねると、過去の経験を語ってくれた。

「大学卒業後は、東京の外資系ホテルなどで海外営業をしていました。職場では『女性みたいな話し方だ』と思われないように、声のトーンを調整していました。誰も気にしないのかもしれませんが、男性は男性らしく、女性は女性らしくという教育をずっと受けてきたことが影響したと思います。『自制』しながら生きてきました」

「観光のだいごみは人と人とのふれあいだと思います。そんな旅先で嫌な気持ちになれば、

『無人のチェックインの方が楽だ』という思いにもなるでしょう。多様性への理解を広げることで、誰もが過ごしやすくなればと考えました」

小泉さん自身が、観光地で不快な思いをした経験はないという。ただ恋人と旅行してダブルベッドの部屋を予約した時は、２人でチェックインすることが、なんとなく怖かったと振り返る。

「特に昔は男女が恋人というのが当たり前と思われる世の中で、『いけないことをしているのかも』という思いにもなりました。チェックインの時には恋人に隠れてもらい、エレベーターで合流していました」

「多様性がさけばれるいまとなっては、当時はなんであんな行動を取ったのだろうと思います。世の中が変われば、人も変わるのだと感じます。事業を続けることで、誰かを勇気づけられれば嬉しいです」

市場規模は20兆円

アウト・ジャパンによると、世界を旅する観光客のうち１割がゲイやレズビアンで、市場規模は年20兆円とも言われるという。１回の旅行での消費額が大きく、旅先が気に入ればリピーターになる確率が高い傾向もある。そうした人たちに選ばれる観光地になれば、地域経済の底上げに貢献する余地も大きい。

小泉さんは次のように話す。

「まずはお客さまのなかにＬＧＢＴＱと呼ばれる人たちがいることを理解し、見た目で性別や性的指向を判断しないのが大切です。お土産を探している人がいれば、『パートナーの方はどんなものがお好みですか』と聞くのが良いと思います。カップルプランを申し込んだ人たちが泊まりに来た時に、２人とも男性でもダブルベッドからツインベッドに勝手に変更するのは誤りです」

「トランスジェンダーのお客さまからお風呂やトイレについてご要望があった時の対応を考えておくことも大切です。人間って少しでも意識が頭にあると、応用もきくと思います。少し値段が高くても露天風呂付きの部屋を案内するとか、いろんな対応ができます。従業員一人ひとりが違う対応をしてもダメなので、組織として準備する必要があります」

受け入れ態勢よりも、大切さに気づくこと

小泉さんによると、ゲイバーなどが多い観光地は、ＬＧＢＴＱの人たちから選ばれることが多いという。大阪にはゲイバーが数百軒あると言われ、人気の観光地になる可能性を秘めている。

一方で日本のホテル・旅館などは、近くのゲイバーがどこにあるのか知らない場合が多いという。海外で人気の観光地だと、ホテルはゲイ団体のイベント会場なども把握しており、場所を聞けば答えてくれるという。

「日本はＬＧＢＴＱの人たちの受け入れ態勢の整備が遅れているというより、大切さに気づいていないというのが正しい気がします。魅力的な観光地になるためにはＬＧＢＴＱに限らず、どんな人でも受け入れるという姿勢を持つことが大切です」

第5章　近づく万博、揺れるＩＲ

不発に終わった東京五輪

コロナ前、観光業にとってひとつの目標になっていたのは、２０２０年の東京五輪・パラリンピックだった。

だがコロナ禍で1年延期が決まり、大半の会場は無観客だった。約９００億円とされるチケット代の収入は消え、観戦に訪れた人たちがまちで食事をしたり、ホテルに泊まったりすることもなかった。東京都は２０１７年に東京五輪・パラリンピックの経済波及効果を32兆円と試算していたが、これが激減したのは間違いない。

もちろん多くの人が、テレビ越しに活躍するアスリートの姿から感動をもらったと思うが、経済効果という意味では不発に終わった。

そうしたなか、次の大規模な国家プロジェクトとして控えているのが、２０２５年に開かれる大阪・関西万博だ。関西の経済界からは「万博を経済活性化の起爆剤にしたい」という期待の声が日々聞こえてくる。

コロナ禍で苦境に陥った観光業にとっても、万博は「希望の光」になっている。万博を見据えてホテルを開いたり、万博を生かして自社商品や技術を売り込んだりしようとする動きが活発になっている。

東京五輪・パラリンピックの期間は合わせて約１カ月だったが、大阪・関西万博は半年間続く。運営主体の公益社団法人「２０２５年日本国際博覧会協会」が２０２０年に発表した計画によると、来場者は訪日客３５０万人を含めた２８２０万人を想定し、約２兆円の経済波及効果を見込む。テーマは「いのち輝く未来社会のデザイン」で、コンセプトは「未来社会の実験場」。高齢化が続く日本から、未来の医療の姿などを発信するという。

万博そのものは、利益を見込むものではない。

収入と支出はいずれも２６５９億円を想定。収入の内訳をみると、「国」「大阪府・市」「民間」の３者から６１７億円ずつ、合計で１８５０億円を集める。国と大阪府・市の負担は税金であり、合わせると約１２００億円に上る。それ以外では「入場券売上」が７０２億円、「その他収入」が１０７億円となっている。

支出の内訳をみると、会場建設費が１８５０億円、運営費が８０９億円となっている。ただ資材価格の高騰などで、会場建設費はさらに膨らむ恐れもある。その場合は、より多くの税金が使われる可能性がある。

万博会場は人工島

万博の会場になるのが、大阪湾に浮かぶ人工島・夢洲《ゆめしま》（大阪市）だ。２〜３キロメートル離れた対岸には、大規模水族館の「海遊館」やテーマパーク「ユニバーサル・スタジオ・ジャパン」などがある。

夢洲の広さは約３９０ヘクタールで、阪神甲子園球場の約１００個分にあたる。１９７７年以降、大阪市が土砂や廃棄物の埋め立て地として活用してきた。

埋め立て後の活用策が、いろいろ模索されてきた。大阪市は１９８０年代、夢洲を含めた臨海部に新たな先端都市をつくる「テクノポート大阪」計画を打ち出した。だが、１９９０年代のバブル崩壊で再検討を迫られた。

その後、大阪が２００８年の五輪招致に乗り出すと、選手村の建設地として想定された。この時は結局、招致合戦で中国の北京に敗れた。

コンテナ埠頭やメガソーラー発電施設などがあるが、ほとんどが空き地だ。廃棄物の埋め立て地としては役割を果たし続けているが、活用法がなかなか定まらなかった。これまでの歴史を踏まえて「負の遺産」と呼ばれることもある。そんななか、大阪・関西万博の会場としてついに日の目を見ることになった。

万博会場のイメージ図①
（2025年日本国際博覧会協会提供）

万博会場のイメージ図②
（2025年日本国際博覧会協会提供）

万博会場として使うのは、夢洲の西部や南部の計１５５ヘクタール（夢洲全体の約４割）。会場の中央部には幅約30メートル、１周約２キロメートルのリング状の大屋根を設け、その内側には世界各国や「プロデューサー」が出展するパビリオン（展示館）が並ぶ。パビリオンは万博の象徴とも言われ、それぞれの出展者が技術力などをアピールするために独自の展示をする。

１９７０年の大阪万博では、平たいだえん形の建物全体を約１万平方メートルの膜屋根で覆ったアメリカ館で、宇宙船アポロ12号が持ち帰った「月の石」が紹介された。三角形状をしたソ連館には、宇宙船ソユーズが置かれるなど話題になった。

今回の万博では海外から１５０カ国・地域、25国際機関の招致をめざしている。２０２２年９月９日時点では、すでに米国や英国など１３７カ国・地域、８国際機関が参加を表明している。当初は２０２１年末までに参加国・地域を固めたい考えだったが、コロナ禍で誘致活動が進まず、計画より遅れている。

各国・地域が出展するパビリオンには３つの設置方式がある。参加者が費用を負担して自由に建設できる「タイプA」、主催者側が建ててから引き渡す「タイプB」、建物の一部区画を貸し出す「タイプC」だ。タイプAは各国が趣向を凝らすので特徴的な外観になる。

２０２５年日本国際博覧会協会から選ばれた8人の「プロデューサー」がそれぞれ設計するパビリオンもある。たとえば生物学者の福岡伸一さんのパビリオンは、「いのちを知る」がテーマだ。生命の利他的なネットワークを表現する。外観は、日本を代表する蛾《が》の「クスサン」の繭《まゆ》をイメージしてつくるという。

大屋根の外側には、企業や大阪府・市などのパビリオンを設ける。企業関連では、三菱グループ、住友グループ、パナソニックホールディングス（以下ＨＤ、大阪府門真市）、吉本興業ＨＤ（大阪市）など13企業・団体が選ばれた。バンダイナムコＨＤ（東京都港区）は、人気アニメ『機動戦士ガンダム』をテーマにしたパビリオンをつくる方針だ。

パビリオンの建設は、２０２３年度から始まる。

万博会場のなかで西側の海に面した区画には、屋外で催しを開くための広場のほか、「空飛ぶクルマ」の発着場もつくる計画だ。会場の南側では水辺に飲食店などを設け、水面を水上イベントの会場としても使う。

万博の「生かし方」

「万博を目当てに日本に来る人は、少ないのではないでしょうか」

関西のマーケティング会社の経営者からは、そんな声を聞いた。たしかに「半年間で訪日客350万人」という来場者の想定は、コロナ前の2019年には大阪に年間1200万人を超える訪日客が来たことを踏まえると、際立って多いわけではない。

すでに紹介しているが、大阪では1970年にも万博が開かれた。

当時の来場者は6400万人を超え、大阪の「成功体験」として語り継がれている。だが、国内総生産（GDP）に占める関西（2府4県）の割合は、1970年をピークに下落傾向が続いている。つまり、日本経済のなかでの関西の存在感は、万博を開いた年が「全盛期」だったことになる。

万博に詳しい池永寛明さん（社会文化研究家、元大阪ガスエネルギー・文化研究所所長）は「過去の栄光のためか、1970年の大阪万博後に関西経済が伸び悩んだという認識を持っている人は少ない気がします。今回の万博はパビリオンをつくるだけでなく、未来の社会像を考える機会になればと思います」と話す。

一方で、動く歩道、缶コーヒー、自動改札機、ワイヤレステレホンなど、1970年の万博をきっかけに普及したものもある。万博という目標があることで、インフラやホテルが整備され、新たな挑戦をしようという機運が生まれるのも事実だろう。

万博は一過性のイベントで終わらないよう、「生かし方」が重要になる。

では、万博をどう生かすのか？

万博に関わる産業は製造業、医療、エネルギーなど多岐にわたるが、ここからは本書のテーマである「観光」に焦点を当てて、２つの取り組みを紹介したい。

空飛ぶクルマが現実に

１つ目は、「空飛ぶクルマ」だ。

国内での普及を加速させる場として、大阪・関西万博が想定されている。「空飛ぶクルマは万博の目玉になる」（関西財界の幹部）と期待する声も上がる。一方で、これまでにない乗り物なので、安全性への懸念を持つ人もいる。市民らから理解を得て、「社会受容性」をいかに高めるかが普及のカギになりそうだ。

２０２１年10月、夢洲の対岸にある突堤。

市民らが見守るなか、大型のドローンが20メートル上空へ浮かび、50メートル沖合まで進んだ。ドローンへの海風の影響などのデータを集めて、空飛ぶクルマの開発に生かすための実証実験だった。

大阪府の補助を受けて実験をしたのが、空飛ぶクルマの開発を進めるベンチャー企業「スカイドライブ」（愛知県豊田市）だ。

福澤知浩ＣＥＯ（最高経営責任者）は報道陣の取材に応じ、次のように話した。

「万博は世界からも注目されます。５年後、10年後に生活やモビリティー（移動手段）がこう変わると知っていただく良い機会なので、最高の準備ができれば」

「３次元でどこでも行けると、辺鄙《へんぴ》だと思っていた場所にも移動できます。『３密』にもなりにくく、プライベート空間で移動中にいろんなことができ、移動の仕方がだいぶ変わります」

福澤さんは１９８７年生まれ。東京大学工学部を卒業し、トヨタ自動車（愛知県豊田市）へ入社。自動車部品の調達を担うかたわら、社内外の有志で空飛ぶクルマの開発を始めた。開発に専念するため、２０１８年にスカイドライブを立ち上げた。

スカイドライブによると、空飛ぶクルマは世界中で約４００社が開発にしのぎを削るが、有人飛行に成功したのは10社前後と言われる（２０２０年時点）。スカイドライブは１人乗りの試験機を使い、２０２０年に国内企業で初めて有人飛行に成功した。

１人乗りの試験機は、長さ４メートル、幅４メートル、高さ２メートル。８個のプロペラ

スカイドライブが開発した「空飛ぶクルマ」の試験機と同社の福澤知浩 CEO

とスポーツカーのような座席、ヘリコプターのようなスキッドを備える。大阪市内で展示された機体を見た70代女性は「移動が便利になるという期待の方が大きいが、空から落ちてこないか不安もある」と話した。

　スカイドライブは現在、２人乗りの機体の開発を進めている。機体の大きさなどは設計中。将来的には機体が駐車場でクルマ２台分に収まる大きさに設計し、時速１００キロで20〜30分間飛べるようにして、１台数百万円ほどで売り出したい考えだ。小型化することで、山地が国土の約４分の３を占める日本でも利用しやすくしたいという。

進む開発と提携

そもそも、空飛ぶクルマとは何か。

国土交通省によると明確な定義はないが、「電動」「自動（操縦）」「垂直離着陸」を兼ね備え、空を移動できる機体だという。機体はドローンのように複数のプロペラだけを持つ型もあれば、つばさを併せ持つ飛行機型もあり、形や大きさはさまざまだ。

モルガン・スタンレーは、２０４０年に空飛ぶクルマの世界の市場規模が約１兆５０００億ドル（約２００兆円）になると予想する。ＰｗＣコンサルティング（東京都千代田区）の日本市場の予測では、２０３０年に約７０００億円、２０４０年に約２兆５０００億円を見込んでいる。

日本の大手企業も熱視線を送っている。

自動車大手のスズキ（静岡県浜松市）は２０２２年3月、スカイドライブと提携。機体の開発などをともに進める。伊藤忠商事（東京都港区）、大林組（同）、近鉄グループＨＤ（大阪市）などはスカイドライブに出資し、総額は50億円を超えた。

本田技研工業（東京都港区）は独自に空飛ぶクルマの開発を進め、２０３０年以降の実用化をめざす。トヨタは米国の空飛ぶクルマメーカー「ジョビー・アビエーション」に3億9

４００万ドルを出資した。ＡＮＡＨＤ（東京都港区）は２０２２年、日本での運航サービスを考える覚書をジョビーと結んでいる。

日本航空（東京都品川区）はドイツの航空機メーカー「ボロコプター」の空飛ぶクルマを導入し、活用を進める方針だ。空飛ぶクルマの活用に積極的な三重県とも提携している。

三重県は２０２０年、空飛ぶクルマの実用化に向けたロードマップを全国の地方自治体で初めてつくった。観光のほか、離島や過疎地での買い物や医療の支援、防災対策でも生かしたい考えだ。飛行ルートやビジネスモデルの検討を進めている。

県の担当者は「観光は三重県の重要産業ですが、空港がありません。愛知県の中部国際空港から三重県の観光地である伊勢・志摩方面に行くには電車で3時間弱かかりますが、空飛ぶクルマなら30分ほどで行ける可能性があります。過疎地や離島に向かうための便利な移動手段にもなると考えています」と話す。

空飛ぶクルマはメーカーによって乗車人数などが大きく異なる。企業や自治体は、目的に合った機体のメーカーと組むことになる。

万博では8ルートを飛行か

空飛ぶクルマの実用化に向けて、国も動き出している。機体が飛行に適しているかを認定したり、パイロットの要件や飛行区域を考えたりする必要があるからだ。

スカイドライブは２０２１年10月、空飛ぶクルマの「型式証明」を国土交通省に申請した。航空法に基づいて機体の強度や性能を調べ、安全基準に適するかが判定される。２０２２年７月末時点で申請しているのはスカイドライブだけだ。

また経済産業省、国土交通省、機体メーカーなど各企業は２０１８年に官民協議会を設け、実用化に向けたロードマップをつくった。

ロードマップの改訂版では、２０２２～２０２５年度に試験飛行や実証実験を重ね、商用運行を始める想定という。大阪・関西万博で披露し、２０２０年代後半から商用運行を拡大する。都市部では「２次交通→都市内・都市間交通→都市圏交通」、地方部では「観光・２次交通→域内交通・離島交通→地方都市間交通」へと利用を広げるという。

ちなみに国の計画では、万博では８つのルートを飛ぶ案がある。

「大阪市内」「大阪湾岸部」「伊丹空港」「神戸空港」「関西国際空港」「神戸市内」「淡路島」「京都・伊勢志摩など」の８地点と、万博会場の夢洲を結ぶという。１時間に20便ほどを考えている。飛ばす機体は、「国内外のメーカーで5種類ほどあれば面白いのでは」（大阪府関係者）という声もある。

大阪府も２０２０年、空飛ぶクルマの受け入れ態勢について話し合う場を設けた。電機や通信、保険などの企業・団体が加わり、発着場の整備や飛行ルートを考えている。大阪版ロードマップでは、２０２２年度を「地固め・下準備」、２０２３～２０２４年度を「ビジネス開発・実証期間」とし、万博での実現をめざす。その後は府内での事業の立ち上げや拡大を進めていく考えだ。

リスクと利便性のてんびん

空飛ぶクルマの普及に向けたカギを握るのが、「社会受容性」だ。飛行ルートの住民らがリスクと利便性をはかりにかけ、受け入れるかどうかが重要になる。

スカイドライブが２０２１年に大阪市内で取り組んだ実証実験では、市民ら約３００人にアンケートをした。65・８％が空飛ぶクルマに「是非乗ってみたい」と答え、「あまり乗りたくない」は５・１％だった。

乗りたくない理由（複数回答）としては、「機体の安全性に関する不安」が75・０％で最も多かった。「自動操縦の安全性に関する不安」と「建物・電柱・電線や鳥等との衝突に関する不安」がいずれも50・0%。「金額（乗車費用）に関する不安」は25・0%で、「その他」が12・5%という結果だった。

三菱総合研究所（東京都千代田区）も2020年、約6万5000人を対象にウェブアンケートをした。利用検討時に重視すること（複数回答）については、「安全性・信頼性」が8割近くに達した。「料金の安さ」（約7割）、「時間短縮効果」（約5割）が続いている。「パーソナルな空間が確保できる」は2割以下だった。許容できる飛行頻度は、「緊急時（災害や緊急搬送）ならよい」が約3割で最多。「数時間に1回程度」が2割で続いた。「1回も許容できない」と答えた人も1割いた。

これからも、安全性への懸念を払拭する努力が求められそうだ。

遊覧観光と2次交通

空飛ぶクルマの活用法は多岐にわたるが、観光ではどう生かせるのか。慶応義塾大学大学院システムデザイン・マネジメント研究所の中野冠《まさる》顧問は2022年6月のオンライン取材で、次のように話した。

「レジャーとして楽しんでもらう『遊覧観光』、観光地間の交通手段、飛行機や電車を降りた後の『2次交通』として期待できます。最も早く活用できるのは、海辺での遊覧観光でしょう。遊覧観光は離着陸する場所が同じなので、スタッフを1カ所に置くことができ、事業コストを低く抑えることができます。10〜15分飛べれば十分なので、バッテリーも問題ないでしょう。海の上なら飛行ルートに住民がいないので、社会的にも受け入れられやすいと思います」

「2次交通も需要は大きいと思います。空港や地方の鉄道の駅の周りにも、駐車場が十分にあるので、そこから飛べればずいぶん便利になります。ただ騒音が問題になるかもしれません。その課題を乗り越えれば、広がっていくでしょう」

一方で、空飛ぶクルマの普及で交通が便利になれば、旅先で宿泊する人が減る可能性もある。観光地にとってはマイナスになる恐れはないのか。

「離島や僻地の人たちは、観光客が宿泊してくれないともうかりません。当初は、空飛ぶクルマを使う人は一定のお金を使う富裕層だと思うので、ある程度の高級ホテルがあることが重要だと思います。高級ホテルに泊まってもらい、その近くで遊覧観光を楽しんだり、ほかの拠点に行ったりする。そうなれば、いままではあまり人が来なかった場所もゆっくり回ってもらえる可能性があります」

観光での活用に向けた特有の課題はないというが、国による機体の認証が遅れているとみているという。現段階では大阪・関西万博での商業運行が間に合うかどうか、ギリギリの状況とみられる。万博では夢洲と8地点を結ぶ運航ルートが考えられているが、すべてが実現できるかどうかも見通せない。

「万博では、遊覧飛行は実現できると思います。機体認証さえできれば、大阪湾岸部を飛べるでしょう。そのほかの場所は、いろいろ課題があります。関西国際空港は、空飛ぶクルマの離着陸場として活用できそうな場所がいまのところありません。神戸空港と夢洲を行き来するなら、高速船を使う方が早く着くでしょう。空飛ぶクルマを導入しても、商業的にはあまり意味がなくなってしまいます。関西国際空港、神戸空港と夢洲を結ぶルートは、デモ飛行などをするだけになる可能性が高いのではないでしょうか」

「伊丹空港や三重県などそのほかの場所へ飛ぶのは、万博の時にはまだ、ほとんど不可能だと思います。離着陸場をつくるのも大変ですし、地上を飛ぶハードルはまだまだ高いのではないでしょうか」

「裏万博」構想

万博を生かした観光関連の取り組みの2つ目は、兵庫県の淡路島で進んでいる「裏万博」構想だ。

全国から大学生が集まり、地域の企業・団体と組んで100の事業を万博までに立ち上げる。万博開催時には「裏万博」と銘打って、100の事業をめぐる催しを開き、観光客を呼び込みたい考えだ。

ベンチャー企業「次世代共創企画」（兵庫県淡路市）が運営する「淡路ラボ」が取り組んでいる。大正大学・地域構想研究所淡路支局長の山中昌幸さんが、2020年に立ち上げた。

山中さんは1972年生まれ。2001年にNPO法人を立ち上げ、起業家精神を持った若者の育成に努めてきた。新たな挑戦として、淡路ラボを始めたという。

最初に伝えておくと、淡路島に本社機能を移して観光施設の開業などを進めている人材派遣大手パソナグループ（東京都千代田区）と淡路ラボとは、全く関わりがない。

次世代共創企画は、万博を盛り上げる「共創パートナー」にも2025年日本国際博覧会協会から認定されている。山中さんは「万博の本会場は『ザ・最先端』。淡路島で自然や歴史を生かした100のプロジェクトができれば、『裏万博』として日本の魅力を発信できます。淡路島は高齢化が進み、若者が少ない。全国から若者を呼び込み、デジタルやリモートの技術も生かして島の活性化につなげたい」と話す。

日本最古の歴史書の「古事記」に残る神話では、淡路島は日本列島で最初につくられた島とされる。そうした背景があるため、日本の文化・伝統に関心が大きい訪日客にも関心を持ってもらえる可能性が高いと考えているという。

淡路ラボでは、地元の企業・団体と全国の若者を結びつける説明会を定期的に開いている。学生を受け入れる企業・団体は淡路ラボの活動費のほか、学生の宿泊・交通費を負担する。それとは別に出る「活動支援金」で食費などをまかなえるため、学生の自己負担は原則ゼロになるという。

２０２２年6月までに、延べ約１００人の学生がインターンシップ生として活動に加わった。なかには、コロナ禍で海外留学に行けなくなった学生もいる。

インターンシップ生には、大きく分けて2通りの関わり方がある。ひとつは受け入れ先の企業・団体での事業立ち上げや改善に向けた取り組み。もうひとつは、事業の発掘や学生向け説明会といった淡路ラボ自体の運営だ。

すでに約30事業が動き出している。淡路島の風景をＶＲで撮ってユーチューブで配信する

「淡路ＶＲステーションプロジェクト」、特産品のタマネギの販路拡大をめざす「五斗長《ごっさ》まるごと玉ねぎプロジェクト」、外国人向けに淡路島を紹介するオンラインツアーを開く「淡路島と世界を繋ぐプロジェクト」、観光施設をつくって淡路島の土の魅力を伝える「土の都プロジェクト」など多岐にわたる。

淡路ラボは若者が働きたくなる仕事を増やすという目標も掲げており、助産院の立ち上げ支援など観光と関係がない事業もある。

観光蔵の新たな挑戦

淡路島の北東部。海岸近くの「千年一《せんねんいち》酒造」（兵庫県淡路市）では、「日本酒を次世代に伝えるプロジェクト」が進んでいる。

千年一酒造は１８７５年から酒づくりをしており、万博が開かれる２０２５年に創業１５０年を迎える。日本酒のほか、梅酒などもつくっている。

２０２１年10月、上野山善彦社長や米農家が酒づくりへの思いなどを語るオンラインの催しを開いた。全国から数十人が視聴し、事前に購入した千年一酒造の酒を飲みながら話に耳を傾ける人もいた。インスタグラムのアカウントも立ち上げ、若者らにお酒の魅力を伝えて

千年一酒造の上野山善彦社長（中央）とインターンシップの学生ら

いる。

企画したのは、２０２１年8月からインターンシップ生として加わった3人の大学生たちだった。当時は蔵に住みこみで活動する学生もいた。２人の学生に取材させてもらうと、「今後は英語でＳＮＳ投稿するなどして、海外にも発信したい」「情報発信を販売につなげるのが課題です」などと話していた。

上野山さんによると、淡路島にはかつて造り酒屋が50以上あったとされるが、人口減などで販売が振るわず、千年一酒造を含めて2軒にまで減ったという。千年一酒造は約20年前から、酒蔵の2階でお酒の購入や無料の試飲ができる「観光蔵」として売り出してきた。だが顧客層は限られ、先行きに不安があったという。

酒粕で新メニューを開発

そんな千年一酒造が、2022年3月に新たな試みをした。これまでは使い道が乏しかった「酒粕」を島内の9つの飲食店に提供し、各店で考案してもらった新メニューを期間限定で売り出した。

この取り組みを思いついたのも、淡路ラボのインターンシップ生だった。「お酒が飲めない人にも千年一酒造のファンになってもらいたい」「酒粕を使って、どの世代にもニーズがあるような甘酒以外の商品をつくれたら良い」

千年一酒造で活動していた大阪経済大学4年の矢野孔晴さんと、食品加工会社の「沖物産」（兵庫県淡路市）でインターンをしていた同志社女子大学3年の西山梨央さんのそんな会話から企画が生まれたという。

酒粕を使って完成したのは、アイス、カレー、バウムクーヘン、かす汁、ピザ、シフォンケーキなど。それらを販売する店をめぐる「スタンプラリー」も実施した。観光客や地元住民らから好評で、すべてのメニューで計821食が売れた。シフォンケーキは淡路島の道の駅「淡路ハイウェイオアシス」で売り出すことも決まった。ほかのメニューも、季節限定で再び販売することを考えているという。

上野山さんは「学生たちと出会えて、これまで考えもしなかった取り組みができています。若い人にも日本酒の魅力を知ってもらいたいです」と話す。

学生らが考える今後の地域観光

淡路ラボは地域の強みを掘り起こし、付加価値の向上につなげている。第2章で取り上げた「地域の観光業」を活性化するヒントにもなりそうだ。

若者の目からみて、これからの地域観光を盛り上げるために必要なことは何か。

淡路ラボの運営をする津田塾大学4年の古川遥さん、神戸大学3年の札場遥登さん、地域おこし協力隊の齊藤美結さん、淡路ラボ代表の山中さんの4人が話し合い、次の4つをあげてくれた。カギカッコ内は学生らのコメントだ。

《1》サステナブルツーリズム

「京都などはコロナ前、オーバーツーリズムになっていました。ただ人がたくさん来れば良いわけではなく、地域が疲れないような持続可能な観光ツアーや企画を考えるべきだと思います。受け入れのキャパシティーも含めて、地域にぴったりの観光の形を一緒につくっていきたいです」

《2》地域間の交流

「お互いに行き来してほかの地域を知ることで、自分の地域を知ることにもつながると思います。たとえば淡路、志摩（三重県）、若狭（福井県）の3地域は御食国《みけつくに》と呼ばれ、食が豊かな地域です。古代から平安時代まで皇室・朝廷に食べ物を納めていました。そんな歴史的なつながりを生かした連携などに、今後も積極的に取り組んでいきたいです」

《3》学びを取り入れた観光

「食や自然などの地域資源は学びの宝庫だと思うので、それらをうまく組み合わせられる可能性はすごくあると感じます。東京の高校生の修学旅行の案内を淡路ラボが担ったことがあり、淡路島の土で壁を塗る体験などはとても喜んでもらえました。どの地域も工夫次第で、修学旅行や社員旅行をさらに呼び込める可能性があると思います」

《4》中小企業の連携

「《1》～《3》のすべてに横断して言えることですが、地域主体の観光を考えるには、中小企業同士の連携が重要だと思います。一つひとつは小さい企業や生産者であっても、連携することで地域資源の本来の魅力が伝わる『見せ方』ができ、お互いの魅力が倍増する可能性があると思います。希少な技術を持っている企業でも、1社だけではPRするのが大変だと感じています」

地域間や企業同士の連携を生むには、どうすれば良いのか。山中さんは次のように話した。

「やはり、若者が加わることが大事だと思います。地域の事業者同士だとしがらみもあるでしょうし、どうしてもお互いに探り合いながら進めることになってしまいます。若者はしがらみがないので、『接着剤』になることができます。連携を気軽に促すことができ、大企業に負けず劣らずのコンテンツができると思います」

淡路ラボでは万博について、「地域の意識が未来に向き、新たな挑戦を考える良いきっかけになる」と感じているという。

カジノを含む統合型リゾート

ここまでは、「万博×観光」の取り組みを2つ紹介した。ここからは話ががらりと変わるが、夢洲で進んでいる「もうひとつのプロジェクト」に焦点を当てる。

カジノを含む統合型リゾート（ＩＲ）の誘致だ。

政府は観光立国をめざすための起爆剤として、ＩＲ誘致に乗り出している。開業する地域は「最大3カ所」と定められているが、２０２２年4月の締め切りまでに立候補したのは大阪府・市と長崎県の2地域だけだった。政府は早ければ２０２２年中にも、開業地域を決める考えだ。

誘致を考えていた横浜市は２０２１年8月の市長選で反対派の候補が当選し、計画が頓挫した。和歌山県は２０２２年4月の県議会で計画が否決された。

ＩＲは巨額の投資などが期待できる事業だ。一方でギャンブル依存症などへの懸念も根強く、賛否は割れている。

本書の最後のテーマとして、誘致に乗り出した大阪や長崎の状況を紹介し、ＩＲが日本の観光業に及ぼす影響について考えていきたい。

参考人招致を受けた事業者幹部

２０２２年3月。大阪のＩＲ運営企業「大阪ＩＲ株式会社」（大阪市）の代表取締役２人が大阪市議会の参考人招致を受け、都市経済委員会に出席した。民間事業者の参考人招致は珍しい。大阪ＩＲ株式会社は、事業者として選ばれたＭＧＭリゾーツ・インターナショナルの日本法人「日本ＭＧＭリゾーツ」（東京都千代田区）とオリックス（東京都港区）が主体となって新たに立ち上げた。

筆者は、インターネット中継に耳を傾けた。

招致を受けたエドワード・バウワーズ氏（日本ＭＧＭリゾーツＣＥＯ）は各議員との質疑などで、ＩＲの魅力について次のように話した。

「大阪はほかの日本の都市と比べても、優れた観光の魅力やポテンシャルがあります」

「ＩＲは国際競争力のある魅力的な『滞在型観光』を実現して、日本の観光先進国化に寄与していくという公共政策上、たいへん重要な事業だと思っています」

「ＩＲは裾野が広い産業です。宿泊施設からエンタメ施設まで多様な施設を建設するため、（資材などの）調達先の企業も必然的に多岐にわたります」

「さまざまな技術や特色、強みを持ち、大阪の経済を支えている中小企業とも取引できるよう、地域の金融機関との連携を通じて幅広い情報発信や支援を提供するなど、ＩＲ事業を核として地域経済に広く波及効果をもたらす仕組みをつくっていきたい」

「地域の魅力発信を通じて、ブランド力の向上に寄与し、ＩＲと地域が持続的に成長する好循環をつくっていきたい」

　同じく招致を受けた高橋豊典氏（オリックス執行役）も「私たちは国際競争力のあるＩＲの実現をめざし、海外からＶＩＰ、それからプレミアムマス（ＶＩＰと大衆の中間層）顧客を含む幅広い顧客を誘致することで、政府の観光目標の達成に貢献するとともに、日本経済の持続的成長に寄与していきたいと考えています」と説明。「ＭＧＭ・オリックスはあきらめずにやっていきたい。（夢洲で新たな土壌問題などが発覚すれば）撤退するのかというご質問もございましたが、私どもも投資を今までやってきております。簡単に撤退するという軽々しい部分はないとご理解いただければ」と話した。

　大阪のＩＲは、２０１０年にＩＲを開業して観光振興を図っているシンガポールをモデルにする考えだ。

大阪ＩＲの経済効果

幹部らが話すように、ＩＲは本当に「バラ色の未来」をもたらすのか。

事業者と大阪府・市がつくった計画によると、開業は２０２９年秋〜冬ごろを予定する。ただ工事の進捗などにより、１〜３年ほど後ろ倒しになる可能性があるという。当初は万博が開かれる２０２５年よりも前に開いて、万博との相乗効果を狙う考えだったが、計画は大きくずれ込んでいる。

初期投資額は約１兆８００億円。約５５００億円は三菱ＵＦＪ銀行（東京都千代田区）や三井住友銀行（同）など銀行団からの借り入れ、約５３００億円は出資でまかなう。出資は日本ＭＧＭリゾーツとオリックスが全体の40％ずつ、ＮＴＴ西日本（大阪市）、関西電力（同）、大和ハウス工業（同）など20社が残りの20％を出す計画になっている（図表5-1）。

事業者からの「納付金」と法定の「入場料」を合わせた約１０６０億円が大阪府・市に毎年入るため、税収の底上げにつながるという。

約１０６０億円のうち約14億円が「ギャンブル等依存症対策」に、約33億円が夢洲での警察署の運営など「警察力強化」に使われる。そのほかは子育て支援や教育環境の充実、医療、観光振興などにあてる方針だ。

図表5-1　**大阪のIRの資金計画**

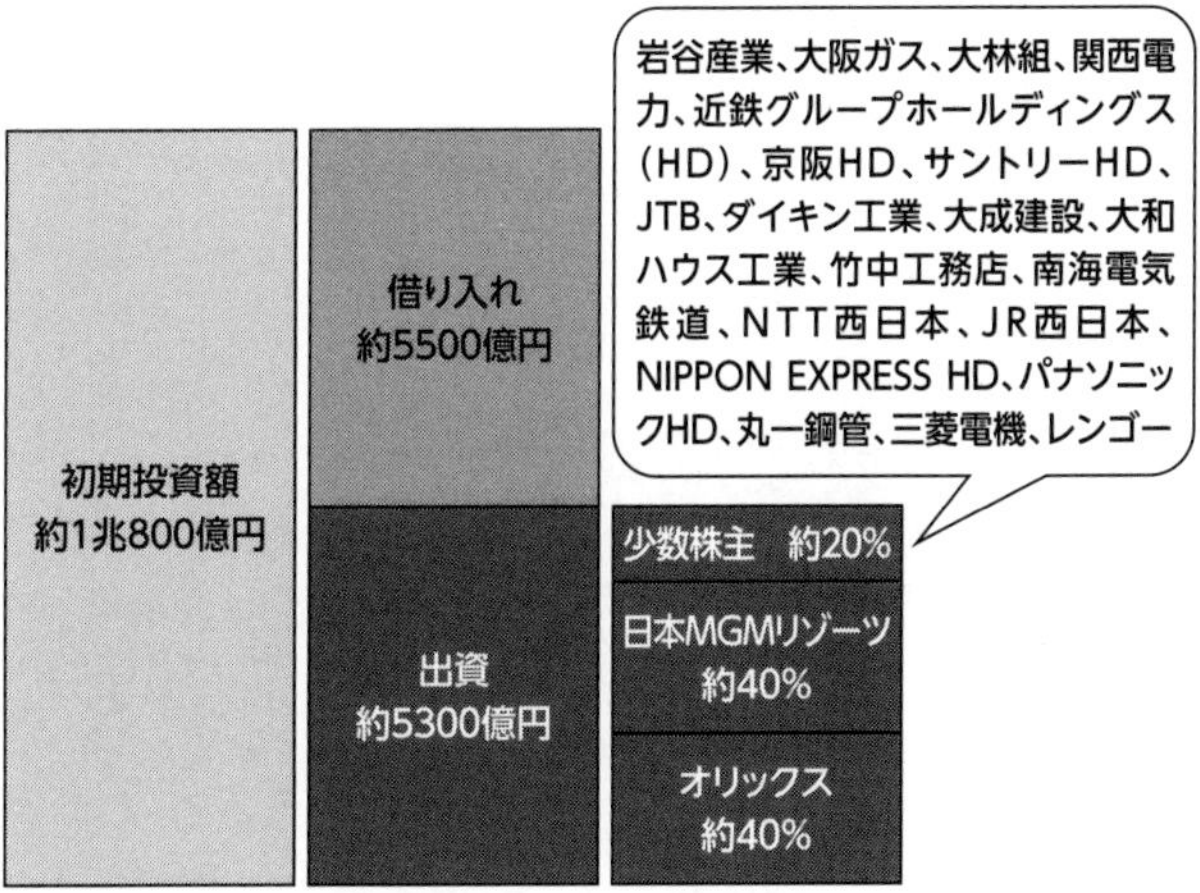

（出所）整備計画をもとに筆者作成

近畿圏（関西２府４県と福井県）での雇用創出効果としては、ＩＲ建設時に約11・６万人、運営時に年約９・３万人という。経済波及効果はＩＲ建設時に約１兆５８００億円、運営を始めてからは年約１兆１４００億円とみている。計画通りにいけば、大きな経済効果を生み続けることになる。ちなみに、すでにこの章で紹介しているが、大阪・関西万博の経済波及効果は半年で約２兆円と見積もっている。

「ＩＲ＝カジノ」というイメージが強い人もいると思うが、「面積」でみると実態は異なる。カジノはＩＲの総延床面積の３％までにとどめるよう、設置基準で定めているからだ。ホテル（総客室数は約２５００

室で、そのうち約2割以上がスイートルーム）、ショーなどを楽しめる劇場、国際会議場など多くの施設が立ち並ぶ予定だ（図表5－2）。

ただ、「売り上げ」でみると「ＩＲ＝カジノ」という実態が色濃くにじむ。

約５２００億円を見込む年間売上高のうち、約8割をカジノで稼ぐ計画だ。また、年間来場者約２０００万人のうち国内客を約7割と想定しているため、ＩＲの売り上げの多くは「日本人がギャンブルで負けたお金」がもたらす。

大阪のＩＲに出資する企業の関係者からも、計画への不安の声がもれる。

「カジノはすでに世界各国にあるので、訪日客の来場者は想定ほど見込めない可能性もあるのではないか。そうなると、さらに日本人依存になります。コロナのような感染症がまた広がれば計画が『絵にかいた餅』になる怖さもあります」

ちなみに、大阪で屈指の人気観光地「ユニバーサル・スタジオ・ジャパン」の年間来場者数（２０１６年度、それ以降は公表せず）は約１４６０万人。ＩＲは、それよりも3割以上多い来場者数を見込んでいる。

図表5-2 大阪のIR施設概要

※参考：阪神甲子園球場の広さは「約3万8500」平方メートル

	延床面積（平方メートル）	詳細
国際会議場施設	約3万7000	◇最大の会議室は6000人以上を収容
展示等施設	約3万1000	◇展示面積は２万平方メートル ◇「関西イノベーション・ラボ」（概要：革新的な技術などが生まれるよう支援する施設）
魅力増進施設	約1万1000	◇「ガーデンシアター」（伝統芸能に新たな表現手法を取り入れた催しなどを楽しめる劇場） ◇「関西ジャパンハウス」（工芸品の制作体験などができる施設） ◇「三道体験スタジオ」（華道・茶道・香道などの魅力を先進技術を生かして伝える施設） ◇「ジャパン・フードパビリオン」（気軽に飲食を楽しめる「フードホール」から高級店まで幅広く出店する施設） ◇「関西アート＆カルチャーミュージアム」（古典作品から現代作品まで取り扱う美術館）
送客施設	約1万3000	◇「関西ツーリズムセンター」（観光地の情報を伝えたり旅行の相談に応じたりする施設） ◇バスターミナル、フェリーターミナル
宿泊施設	約28万9000	◇客室は計約2500室 ◇平均客室面積は約60〜75平方メートル ◇全客室のうち約20％以上がスイートルーム ◇スイートルームの平均客室面積は約105〜135平方メートル ◇レストラン、プール、大浴場なども整備
エンターテイメント施設	約1万3000	◇「夢洲シアター」（約3500席、世界的なアーティストのコンサートなどを開く劇場）
飲食・物販・サービス等施設	約31万	◇飲食施設には国内外の有名シェフと連携した飲食店のほか、ジャズクラブなども開く ◇物販施設には「世界トップクラスのハイブランドをアジア有数の規模で集積」させる予定
カジノ施設	約6万5000	◇ギャンブルができる区画はIRの総延床面積の3％（＝約2万3000平方メートル）以内
総延床面積	約77万	

（出所）整備計画をもとに筆者作成

長崎も同じような計画だが

大阪以外で誘致に名乗りを上げた長崎県では、オランダのまち並みを再現したテーマパーク「ハウステンボス」（佐世保市）の一部にＩＲをつくる考えだ。大阪より早い、２０２７年度の開業を見込む。

事業を担う会社は「ＫＹＵＳＨＵリゾーツジャパン株式会社」（佐世保市）。欧州を中心にカジノを運営する「カジノ・オーストリア・インターナショナル」（オーストリア）の日本法人や、九州などの国内企業が出資して立ち上げた。

年間の売上高は２７１６億円（開業5年目）とみており、大阪の半分ほどだ。そのうち74％の２００３億円をカジノで稼ぐ計画で、この点では大阪と似ている。

経済波及効果はＩＲ建設時に５４２８億円、運営時に３３２８億円（同）という。雇用誘発効果は建設時に３万１８８９人、運営時に２万９２８５人（同）とみる。

資金調達額４３８３億円のうち6割を借り入れ、４割を企業からの出資で集めるという。２０２２年４月の県議会ではＩＲ計画の国への申請は可決されたものの、融資や出資をする企業名などの詳細は明かされなかった。

大阪と比べると経済効果が小さいため、ＩＲ関係者からは「大阪だけが選ばれる可能性が高いのでは」という声が目立つ。

ギャンブル依存症への懸念

大阪と長崎のIR計画では売り上げの7～8割をカジノに頼るので、ギャンブル依存症への懸念は根強い。事業者や自治体はどんな対策を取るのか。2018年に公布されたIR整備法では、カジノを楽しむ日本人には1回6000円の入場料を課すよう定めている。カジノへの入場回数については、「7日間で3回まで、28日間で10回まで」に制限している。

大阪府・市は、ギャンブル依存症などに悩む人たちの支援拠点として「大阪依存症センター（仮称）」を設けるなどの対策をするという。事業者側も、最先端のIT技術を使って入退場の管理などを徹底すると説明する。

日本MGMリゾーツのバウワーズ氏は、大阪市議会で次のように語った。ちなみにゲーミングとは、カジノでのギャンブルのことだ。

「（IRでは）問題となるゲーミング行動を引き起こす可能性のあるサインを、プレーヤーがよく理解できるような仕組みになっています。問題となる可能性のあるプレーヤーをサポートするための訓練を受けた従業員がおり、問題が発生する前に『責任あるゲーミング』について啓蒙します」

「問題を相談できる部屋を設けるとともに、カジノ内に大きな看板や電子掲示板を設置して、プレーヤーの理解に役立つさまざまな情報を伝えていくことで、プレーヤーをサポートしていきたい」

「依存症への対策については、『依存症対策のトップランナー』をめざす大阪府・市への協力に努めます。大阪ＩＲ株式会社内に専門部署を設け、大阪府・市、大阪府公安委員会、大阪府警察、そのほか関係機関と適切に連携して、外部専門家も活用して着実に対策に取り組みます」

一方、大阪府・市が２０２２年１～２月に開いたＩＲに関する住民説明会や公聴会では、ギャンブル依存症を懸念する声が相次いだ。

２０２２年1月、大阪市内で開かれた初回の住民説明会を取材した。会場には約80人が集まり、大阪府・市の担当者が概要を説明した後に、質疑の時間を設けた。説明会では、次のようなやり取りがあった。

男性「ギャンブル依存症対策をやれば、依存症は防げるように説明しているが、それはないと思います。ギャンブル依存症は完全に防げますか。依存症になった場合、全員を治療できますか。完全に防げないなら、どれぐらいギャンブル依存症患者が出ますか？」

担当者「カジノ設置により依存症の方が増えるということは、しっかり対策をすれば抑制を一定はできると考えています。カジノの設置でどれだけ増えるのかは、なかなか算出が難しいかなと考えています。カジノの誘致を機に行政としても取り組みを強化、拡大していきますので、パチンコや競馬など既存のギャンブルに起因する依存症の方もしっかりとケアすることで、いまの数より減らしていくことを目標に取り組んでいきたいと考えています」

男性「再確認ですが、依存症患者が増えると認めるのですね。その人たちの健康状態を完全に回復するのはできないと認めるのですか？」

担当者「私の方では見解を申しあげる立場にないかなと思いますが、カジノの設置に伴って依存症の増加が懸念されることは認識していますので、その懸念に対して対策をしっかり取っていきたいと思います」

公聴会では、次のような意見が出た。

「依存症になれば、そこから抜け出すのは非常に厳しく、当人だけでなく家族も周りも巻き込んで生活、人生を壊してしまいます。自分は大丈夫、ギャンブルにのめり込む人が悪いと目をつぶることはできません」

「カジノを誘致しないことが、一番の（ギャンブル依存症）対策です」

「ギャンブル依存症対策にカジノ収入をあてるというのは、そもそも本末転倒ではないのでしょうか」

「依存症になる人が出てくるから、カジノ業者がもうかるのです」

「ギャンブル行為を推進することは、地域の荒廃を生み、将来に禍根を残すことは間違いありません」

ＩＲはカジノ以外にも多様な施設をつくるが、「だからこそ問題なんです。ホテルのそばにカジノがあれば、初めてギャンブルに接する家族連れなどが自然と増えてしまう」（ギャンブル依存症に詳しい弁護士）という指摘もある。

狂った目算

懸念される問題は、ギャンブル依存症だけではない。大阪のＩＲ計画は、当初は想定しなかった事態が相次いでいる。

１つ目は、公費負担だ。筆者は２０２１年４月に大阪へ異動してから、ＩＲの取材を担当してきた。当初はＩＲ関係者や財界幹部から「大阪は全国のほかの候補地と比べると、反対派が少ない地域だ」「横浜市が誘致から撤退するなら、大阪が選ばれるのは間違いないだろう」という楽観的な声をよく聞いた。

だが２０２１年12月、風向きが変わったように感じる出来事があった。大阪市が、ＩＲ建設地の液状化対策などで約７９０億円を負担する方針を明らかにした。ＩＲはあくまで「民設民営」で、公費の負担はないという当初の説明がくつがえった。

公聴会でも「カジノ業者のために多額の公費を使う必要があるか、非常に疑問です」「７９０億円は大盤振る舞い。優先すべきは住民の命と健康を守るための支出です」といった声が上がった。

２つ目は、展示場の規模だ。大阪ではＩＲを誘致する意義として、「世界水準のＭＩＣＥ（マイス）施設の整備」を掲げてきた。ＭＩＣＥとは会議（Ｍｅｅｔｉｎｇ）、報奨・研修旅行（Ｉｎｃｅｎｔｉｖｅ Ｔｒａｖｅｌ）、国際会議（Ｃｏｎｖｅｎｔｉｏｎ）、展示会・見本市、イベント（Ｅｘｈｉｂｉｔｉｏｎ／Ｅｖｅｎｔ）の頭文字を取った造語だ。これらの催しには世界中から多くの人が訪れるため、高い経済効果が期待できる。

大阪府・市はＩＲの展示場について「10万平方メートル」規模を求めていた。だが２０２１年２月、「２万平方メートル」で開業して、将来的に拡張することを認めた。拡張の時期や規模も「必要に応じて見直す」とした。コロナ禍で人の往来が途絶えたことなどを踏まえて、事業者側が見直しを求めたという。

世界トップクラスの展示場が40万平方メートルを超えることを踏まえると、２万平方メートルはあまりにも小さい。日本最大の東京ビッグサイト（約12万平方メートル）にも遠く及ばない。将来的に拡張される可能性はあり、ＩＲには大規模な国際会議場なども設ける予定だが、「世界水準のＭＩＣＥ」の実現は見通せない状況になった。

賛成・中立派の論理

ＩＲは賛否が割れるテーマだ。最後に識者の声を紹介したい。

大阪商業大学の谷岡一郎学長（犯罪学、ギャンブル社会学）は２０２１年９月の取材で、ＩＲに賛成する理由を次のように語った。

「観光の振興に十分資すると考えています。（大阪ＩＲの事業者が予定する）１兆円の投資を歓迎しない地域はないと思います。施設の建設や維持費だけでなく、タクシー会社や飲食店などにも相乗効果があります。人さえ来れば、お金は落ちます。大阪でお金が使われることで他の地域の消費を削っている可能性はありますが、競争とはそんなものです。ＩＲから奈良や和歌山に向かうツアーもできて、地方への還元も必ずあります」

「国際会議などの規模はどんどん大きくなっていますが、日本には受け入れられる施設がありませんでした。どれほどのビジネスチャンスを逃してきたか分かりません。みんな、会議が開かれる現地に行きたいという気持ちはあると思います。すべてがオンラインで良いという世界は、コロナが落ち着けば消えます。カジノには人とお金を回す役割があります。事業者は投資を回収し、再投資に回せるぐらいのお金をカジノで稼ぐ必要があります」

「ＩＲを開くと、依存症の人数の統計上の数値は一時的に上昇するでしょう。でも国内では、過去にパチンコなどをきっかけに依存症の人は多くいましたが、実態は見えにくかった。ＩＲを機に相談を受け付けるホットラインなどの体制を整備し、表に出して必要なら治療すれば良いと思います。ギャンブルは、放っておいてもやる人はいます。それならば、ＩＲのカジノについて政府が計画を十分に審査したうえで正しい方向に導き、収益を良いことに使う方がいいと思います。いまの監視カメラは、依存症の人の行動をみて、何時間続けてやっているかなどをチェックするソフトが組み込まれています。カジノをやる時間が長すぎる場合は、きちんと休憩を取らせるなどの工夫もなされています」

　三井住友トラスト基礎研究所（東京都港区）の大谷咲太・特別研究員は「中立」の立場というが、大都市の大阪に開く意義は大きいとみる。

「カジノは海外の富裕層の娯楽として定着しています。海外の富裕層が遊べる場所を日本につくる第一歩としてＩＲを開くのは、重要だと思います。たとえばアラブの石油王が来た時に遊べる場所は、日本にほとんどありません。カジノなしのＩＲを求める声もありますが、それでは海外の富裕層を呼び込むのは難しいと思います。スタート段階から厳しいでしょう。将来的にはカジノ依存から徐々に脱却し、飲食やエンターテインメントの売り上げもしっかり確保していかないといけないと思います」

「海外にもＩＲはたくさんあるので、コンテンツの差別化は難しいかもしれません。ただカジノが好きな人が海外には一定数いるので、その需要は取り込めると思います。カジノで1、2日は遊んで、そのほかの日は京都や奈良など関西の観光地をめぐるという楽しみ方も提供できれば良い。ＩＲを開くだけで観光業が活性化するわけではないので、ＩＲをどう生かすのかも真剣に考えないといけません」

「一番のリスクは、中国が本土でのカジノを解禁することだと思います。そうなれば中国やアジアの富裕層がそっちに流れてしまう可能性が高い。また日本で初めてのＩＲなので、収益性が評価し切れないという問題もあります。日本人が入場料６０００円を払ってカジノをしたいと本当に思うのかどうかは、開業してみないと分かりません」

反対派の論理

一方で、反対派である静岡大学の鳥畑与一教授（国際金融論）は次のように話す。

「カジノによる経済発展は、『幻想』だと考えています。大阪府・市の推計ではＩＲの年間売上高の８割をカジノが稼ぎ出します。しかし、カジノは付加価値を生まず、事業者と顧客の間でお金が移動するだけです。ＩＲの来場者がすべて外国人なら外貨を稼ぐことになりますが、７割は日本人の想定です。顧客が大負けすれば、テレビや家具など耐久消費財の地元での購入などをあきらめるかもしれない。大負けした人が住む地域の消費を減らすので、地域経済に悪影響を及ぼすと思います」

「負けたとしても『カジノを楽しむ』という体験にお金を使ったという主張をする人もいますが、それは違うと思います。たとえば、有名歌手のコンサートに10万円を使う場合、価格に見合う満足が得られるか考えるので、合理的な経済判断ができます。ギャンブルは顧客の正常な判断能力、時間感覚を失わせます。多くの人は、終わってから後悔するのです。大負けした人から得たお金で雇用を生んでも、成長戦略と呼べないと思います」

「コロナとは別の感染症の脅威が繰り返されるかもしれません。大阪に中国などから富裕層がたくさん訪れるという想定は崩れたと思います。ＩＲという巨大施設に、数十年にわたって大阪や地域経済の未来を託すのはリスクが大きすぎます」

大阪カジノに反対する市民の会の西澤信善代表（神戸大学名誉教授）は、次のように指摘する。

「パチンコなどはすでに定着してしまっているので、簡単になくせません。カジノはこれからつくるので、国内にはまだファンがいません。依存症患者をこれ以上増やさないため、誘致を止めるべきです。警察庁の２０１９年の統計をみると、窃盗や強盗など１４１３件の犯罪の動機・原因としてギャンブル依存を挙げています。依存症に悩む家族などから話を聞くと、ギャンブルで失ったお金はコツコツ返す気にならない人も多いようです」

「ギャンブル依存症対策として入場回数を制限しても、かける金額が大きければ破産する恐れはあります。入場料も、そんなに高い額ではありません。ギャンブル依存症の患者を生まない保証にはならないと思います。そもそも行政が旗を振り、住民の財産や生活にダメージを与える機会をつくるべきではない。ギャンブル依存症の人が増えれば、『社会災害』と言えます。セーフティーネット（安全網）を張るという行政の本来の仕事とは真逆の事態を招いてしまいます」

「大阪のＩＲは人工島の夢洲が建設予定地なので、津波などの災害リスクがあり、地盤も悪い。夢洲ではない場所に、カジノがないＩＲを建設することには反対しません。カジノがあるから良くないと言っているんです。そもそも、コロナ前は日本にカジノがなくても、訪日客は増え続けていました。人口減が進むなかで、訪日客を呼び込むことは重要です。でも、カジノでお金を巻き上げることは『おもてなし』にはならないと思います。温泉やおいしい食事など、日本の素晴らしい観光資源を楽しんでもらえれば良い。それが長い目で見た観光客の増加、そして地方の振興にもつながると思います」

西澤さんが共同代表を務める市民団体「カジノの是非は府民が決める　住民投票をもとめる会」は19万筆超（有効数）の署名を集め、ＩＲ誘致の是非を問う住民投票条例の制定について、地方自治法に基づく直接請求をした。だが、２０２２年7月の大阪府議会で条例案は否決された。

おわりに――観光は誰のためにあるのか――

コロナ禍という逆風のなか、観光業は活路を見いだそうと模索を続けてきた。

何度か書いているように、観光は交通、宿泊、飲食など幅広い産業が関わる「総合産業」だ。本書では取り上げていないが、仕事をしながら観光も楽しむ「ワーケーション」を導入したり、１回の旅行で数百万円以上を使うような「超富裕層」の需要を取り込もうとしたりする動きも出ている。コロナ禍を経験して、「マイクロツーリズム」（近隣観光）の重要性も指摘されるようになった。

本書は観光業の「すべて」は網羅できていないが、貴重な時間を割いて取材に応じてくださった方々の声をできる限り盛り込んだつもりだ。

最後のまとめをする前に、「はじめに」と「第1~第5章」では書けなかった現場の挑戦をいくつか紹介したい。

ホテルサンルート松山（松山市、１１０室）の大橋隆三社長は２０２１年3月、ユーチューブでの発信を始めた。

「『ウォークイン』とは、スタッフがお客さまの荷物を預かった時にしまうための倉庫スペースである。マルかバツか」

「答えはバツです。正解は予約なしで当日にホテルを訪れて、宿泊を申し込むお客さまのことです」

ホテルの常識クイズ・初級編と題したユーチューブ動画の一幕だ。大橋さんが出演し、撮影や編集、配信もすべて1人で担う。動画を配信するチャンネル名は「とあるホテルの5代目社長~日本唯一のホテル社長Ｙｏｕｔｕｂｅｒ~」。登録者は２０００人を超えた。中学生から60代まで視聴者がいるという。

コロナの感染拡大でホテルサンルート松山も大きな打撃を受けた。コロナ前に約8割だった稼働率は、２０２２年2月時点で半減。約2億５０００万円の年間売上高は約1億５００

0万円に落ち込み、一時期は債務超過にも陥った。

そんなとき、友人がユーチューブで月20万円の広告収入を得ていると聞いた。大橋さんは写真や動画を撮るのが好きなので、自分もやってみようと考えたという。

「Ｙｏｕｔｕｂｅ広告収入でホテルを立て直す！　コロナに負けてたまるもんですか！」。チャンネルのトップには、こんな言葉を掲げた。

「Ｇｏ Ｔｏ トラベル」の徹底解説、ホテル総料理長のレシピ、愛媛のグルメ探索隊……。これまでに１５０以上の動画を配信した。愛媛のビル解体現場を撮った動画の視聴数は、１万７０００回以上に上った。

地元飲食店の店主らにも出演してもらう。動画で紹介した店が話題になり、繁盛していると聞くこともある。「松山市を再興させたいとか、大きなことは言えません。でも少しでも松山のファンが増えたり誰かのためになったりするなら、こんなに嬉しいことはないですね」と話す。

開始から1年以上が経ち、動画がきっかけで来てくれる宿泊者が毎月10人ほどいる。「ペンネーム○○です。いつも見ています」。そんな声をかけられることも増えた。コロナ禍で孤独を感じることも多かったが、心の支えになった。

２０２２年３月には、「ひきこもり」だという視聴者から手紙が届いた。「外に出るのが怖い。どうすれば大橋社長のように出て行けるのか」とつづられていた。少しでも支えになればと、返事を書いた。「他人はあなたにそんなに興味がないと思ってください。嫌われていないだろうかと、気に病む必要はないですよ」。そんな言葉を添えた。

ユーチューブを始めて以降、「ホテルの品位を落としている」と批判の電話が届くこともあった。それでも、配信はやめなかった。応援してくれる人も、必ずいたからだ。ひどいことを言った人もすぐ忘れ、５分後には楽しく食事をしているかもしれない。どんなことをしても、「アンチ」はいる。悩みすぎない大切さを伝えたかった。

ユーチューブの収益はまだ月１万円弱だが、思いもよらない新たな出会いや交流に可能性を感じている。コロナ禍が一時より落ち着いてホテル業が忙しくなりつつあるが、これからも少しずつ配信を続ける考えという。

コロナ後に向けて、施設を改装した旅館もある。

大阪府池田市の温泉旅館「不《ふ》死《し》王閣《おうかく》」では、旅館のフロアの１つを小型犬や中型犬と一緒に泊まれるようにした。

２部屋をつなぎ合わせて１部屋にするなどして、ペットが泊まれる部屋を４つ設けた。広さは最大で約80平方メートル。室内には犬が入れるケージも設け、１室あたり２頭まで受け入れる。

１泊２食付きで１人あたり２万８０００円から。ペットフードは販売しないが、持ち込みを認める。持ち運び用のバッグにペットを入れれば、館内を移動できる。敷地内には新たにドッグランもつくった。

これまでも旅館の外に設けたケージで小型犬や中型犬を預かっていたが、ペットは館内に入れなかった。

旅館の２０２０年の売り上げはコロナ前の４割減、２０２１年は６割減になった。２０２２年は過去２年ほどではないが、電気料金の値上がりもあって苦境が続く。

岡本厚社長（日本旅館協会関西支部連合会会長）は「団体客から個人客へのシフトが、コロナの影響でさらに進みました。売り上げの減少や改装費によって借入金はコロナ前の２倍近くに増えましたが、今後を見据えれば投資した方が良い。いまは円安なので、水際対策が緩和されれば訪日客も一気に戻ると期待しています」と話す。

ペット情報のウェブサイトを運営する「ＰＥＴＯＫＯＴＯ」（東京都新宿区）が２０２２

年4月にした調査によると、愛犬とのお出かけや旅行で特に期待すること（複数回答）は「ペット可の宿泊先が増える」が31％で最多だった。コロナ禍で家にいる時間が長くなったことを受けてペットを飼い始める人も増えており、改装によって新たな顧客層を取り込める可能性がある。

ペット対応以外では、コロナ感染を防ぐために従業員と宿泊者が接する時間を減らす工夫を重ねてきた。

部屋での食事は、料理を1品ずつではなく3品ほどまとめて出す。宿泊者の荷物を部屋まで運んだり、部屋でお茶を入れたりするサービスは停止した。

布団は宿泊者が入る前に敷いてたたんでおき、広げたらすぐ使えるようにした。浴衣もいろんなサイズを部屋に備えていたが、ほかの人が触れれば未使用でもクリーニングが必要になるので、今はロビーでサイズを聞いて手渡ししている。

宿泊客から反発の声はないという。

新幹線が通るＪＲ新神戸駅の近くの「料亭旅館　ほてるＩＳＡＧＯ神戸」では借入金や補助金を使い、「高付加価値・高単価」の旅館をめざす方向に舵を切った。コロナ前は27の客室のうち11室がおもにビジネス客向けの洋室だったが、９室を和洋室に改装することにした。大半の部屋では、畳の上にベッドを置いている。

ビジネス向けの客室は１泊朝食付きで１人あたり７０００円ほどで販売していたが、改装した和洋室は基本的に１泊２食付きで２万円以上という。和を取り入れた「ジャパニーズ・スタイル」の宿にすることで、将来的には欧米などからの訪日客の需要も見込めると考えたという。

ほかにも、３室をつなげて「スイートルーム」をつくった。広さは約80平方メートルで、露天風呂やサウナも備える。料金の目安は、１人あたり１泊２食付きで５万円ほどだ。

宴会場だった一室は、宿泊客ならワインなどを無料で飲めるラウンジに改装した。貸し切りできる温泉風呂がこれまでは２つだけだったが、３つに増やした。

コロナの影響は２０２０年１月半ばごろ出始めた。キャンセル連絡のファクスは毎日２、３センチメートル積もるほど届き、春休みの旅行や歓送迎会の予約も消えた。

１年ぐらいでコロナの影響は収まると思ったが、オミクロン株など変異株も広がり、コロナ禍は長引いた。２０２２年春まで、平均の売上高はコロナ前より７割も減ったという。感染対策の検温器などの導入でも１千万円以上かかった。温泉施設の維持費もかかる。２年連続で数千万円の赤字だった。頑張ってためた内部留保もどんどんなくなった。創業70年を超えるが、2年連続の赤字は初めてだった。

砂金伸和社長（兵庫県旅館ホテル生活衛生同業組合副理事長）は次のように話す。

「コロナ禍では避暑地や山の中など『密』になりにくい地域が旅先として選ばれる傾向が強かったように思います。弊社は温泉もあるのでましでしたが、都市部は避けられたので、宿泊施設も苦しい状況が続きました」

「どう転ぶかは分かりませんが、2025年には大阪・関西万博もあるので、需要の回復を期待しています。心配の電話をかけてくれる常連さんもいて、励みになっています。『再出発』の機会だととらえて、すべてをかけて頑張ろうという思いです」

本書の最後に、「観光は誰のためにあるのか」について考えたい。

第2章「地域の価値を高める」では、サービスを向上させて高い価格を実現した動きを紹介した。第3章「観光公害を防ぐ」でも、観光地を訪れる人を制御する手段として「有料化」を取り上げた。

いずれも消費者から見れば出費がかさむ動きだが、今後の観光を考えるうえでは欠かせないと思う。それが結果として、「地域」のためになると考えるからだ。

　観光は地域の「資産」を生かす産業だ。自然やお祭りのほか、住民の生活風景なども「観光資源」になる。そうした資産を観光で「消費」してしまえば、本末転倒と言える。人口減などで苦しむ地域を救うはずの観光が、逆に地域に迷惑をかけてしまう。観光を地場産業として持続的に根付かせることもできない。

　観光は、地域を豊かにする存在でないといけない。言い換えれば、観光客を受け入れる地域への「恩恵」が、「負担」よりも大きくなる必要があると思う。

　利益率が高いサービスを増やしたり、デジタル化で生産性を上げたり、外資系企業などへの「依存度」を減らしたり。そうした工夫で地域が稼げるようになれば、住民らの雇用が増え、給料が上がる可能性も高い。つまり、観光の「恩恵」が増える。日本の観光魅力度が世界一になったり、青森ねぶた祭で１００万円の席が売れたりした状況を踏まえ、地域の観光資源に見合った「対価」を考え直すことが重要だと感じる。

　一方で、ごみのポイ捨てや騒音などの対策を充実させて観光公害を防ぐことができれば、地域の「負担」を減らすことができる。地域が一体となって観光を盛り上げるためにも、社会の「負担」に関する議論は避けて通れない。

コロナ前は訪日客が増え続け、観光業はかつてない盛り上がりを見せた。だが、日本に多くの人を呼び込むことを重視しすぎたため、観光客を受け入れる地域経済・社会への「視線」が弱かったように感じる。これでは一時的に盛り上がっても、将来にわたって持続可能な産業にはならない。

「観光は地域のためにある」という視点から、コロナ後のあり方を見つめ直すことが重要ではないか――。各地での取材で感じたそんな問題意識を支えにしながら、本書の構成を考えたつもりだ。

筆者はこれまで、製薬、鉄鋼、化学、自動車、銀行など幅広い業界を取材してきた。いずれも日本を支える重要な産業だが、観光業には特に強く魅力を感じた。奈良県の田舎で生まれ育ったことも影響していると思う。人口減が進む地域の活性化について昔から関心があった。観光業は生かし方次第で、どんな地域にも恩恵をもたらすことができる。大きな工場がなくても成立する。個人や小さな団体で取り組める余地が大きく、若い世代の活躍が目立つのも魅力だと感じている。

日本が「観光立国」を本格的にめざし始めたのが、2003年だった。2023年は、それから20年の節目となる。観光という可能性に満ちた産業をどう生かし、地域の活性化につなげるのか。地域社会との調和をどう図っていくのか。コロナ禍を経て、観光立国の「あり方」が改めて問われている。

本書を最後まで読んでくださった皆さま、本当にありがとうございました。これからの日本経済・社会を考える材料を１つでも提示できていれば幸いです。

これからも、観光立国をめざす官民の動きを追い続けたいと思っています。本書の感想や情報提供をいただける場合は、hakotani.shinji.0516@gmail.com までお願いします。

末尾になりましたが、光文社編集者の高橋恒星さんには企画の段階から大変お世話になりました。ありがとうございました。単著の出版は、新聞記者になった時からの目標でした。実現する機会をいただけて、嬉しく思っています。

〈おもな参考文献〉

令和元年～４年版『観光白書』

デービッド・アトキンソン『新・観光立国論　イギリス人アナリストが提言する21世紀の「所得倍増計画」』（東洋経済新報社、２０１５年）

藻谷浩介、山田桂一郎『観光立国の正体』（新潮新書、２０１６年）

嶋田俊平『７００人の村がひとつのホテルに「地方創生」ビジネス革命』（文藝春秋、２０２２年）

高坂晶子『オーバーツーリズム　観光に消費されないまちのつくり方』（学芸出版社、２０２０年）

佐滝剛弘『観光公害――インバウンド４０００万人時代の副作用』（祥伝社新書、２０１９年）

中井治郎『パンクする京都　オーバーツーリズムと戦う観光都市』（星海社新書、２０１９年）

アレックス・カー、清野由美『観光亡国論』（中公新書ラクレ、２０１９年）

中野冠（監修）、空飛ぶクルマ研究ラボ（著）『空飛ぶクルマのしくみ　技術×サービスのシステムデザインが導く移動革命』（日刊工業新聞社、２０１９年）

朝日新聞・朝日新聞デジタルの観光業に関する記事

箱谷真司（はこたにしんじ）

1991年、奈良県生まれ。2014年に神戸大学法学部を卒業し、朝日新聞社に記者職で入社。北海道報道センター、水戸総局を経て、'18年から東京本社経済部。新型コロナウイルスの感染拡大で苦境に陥った企業の資金繰りを取材した。'21年に大阪本社経済部へ移り、ホテル、旅館、鉄道、バス、通訳案内士、大阪・関西万博、カジノを含む統合型リゾート（IR）などの記事を書いた。'22年9月からネットワーク報道本部に所属し、大阪府庁を担当している。

観光立国《かんこうりっこく》・日本《にっぽん》 ポストコロナ時代《じだい》の戦略《せんりゃく》

2022年10月30日初版1刷発行

著　者 ── 箱谷真司
発行者 ── 三宅貴久
装　幀 ── アラン・チャン
印刷所 ── 萩原印刷
製本所 ── 国宝社
発行所 ── 株式会社 光文社
東京都文京区音羽1-16-6（〒112-8011）
https://www.kobunsha.com/
電　話 ── 編集部03（5395）8289　書籍販売部03（5395）8116
業務部03（5395）8125
メール ── sinsyo@kobunsha.com

ISBN 978-4-334-04633-0

1213
いままで起きたこと、これから起きること。
「周期」で読み解く世界の未来

高城剛

社会は循環し、万物に周期が存在する。２０２０年代の現在、あらゆる分野のサイクルが幾重にも重なる転換点に立っている。時代の大波を知り、サバイブするためのヒントを共有する。

978-4-334-04606-4

1214
ＩｏＴと日本のアーキテクチャー戦略

柴田友厚

いま、なぜアーキテクチャー戦略が重要なのか？　トヨタ、ダイキン、コマツ……世界で成功している企業から何が学べるか？　二つの重要なキーワードから、日本企業が採るべき道を探る。

978-4-334-04621-7

1215
会話を哲学する
コミュニケーションとマニピュレーション

三木那由他

会話とは言葉をもって互いに影響を与え合う営みなのか？　漫画や小説などを題材に、コミュニケーションとマニピュレーションという二つの観点から、会話という行為の魅力を解き明かす。

978-4-334-04622-4

1216
昭和の東京郊外
住宅開発秘史

三浦展

戦後、住宅難から発生した土地開発バブルによる悲喜こもごものドラマを経て郊外は発展していった。当時の不動産チラシをもとに跡地を訪ね、家と町の歴史を考証する新しい住宅史。

978-4-334-04623-1

1217
農家はもっと減っていい
農業の「常識」はウソだらけ

久松達央

「農家」の８割が売上５００万円以下という残念な事実／農地転用という農家の「不都合な真実」／――農業に関する様々なウソに丁寧に反論し、これからの日本の農業のあり方を考える。

978-4-334-04624-8

光文社新書

1218
宇宙を動かしているものは何か
谷口義明

約一三八億年前に生まれ、膨張を続ける宇宙。謎が多いこの宇宙は、私たちが思っている以上にシンプルだ——。鍵を握るキーワードとは？　天文学者が「宇宙のエンジン」を総点検。

978-4-334-04625-5

1219
射精道
今井伸

射精は一日にしてならず——思春期から中高年まで、知っておくべき正しい扱い方と心構え、練習の重要性とは。性機能と生殖医療の専門医が、各年代で現れやすい問題と対策を解説。

978-4-334-04626-2

1220
日本の高山植物
どうやって生きているの？
工藤岳

乾燥、強風、のちに豪雪——。過酷な環境に咲く可憐な高山植物には、したたかな生存戦略があった。この道三十年の植物学者が語り尽くす〝高嶺の花〟の秘密と魅力。

978-4-334-04627-9

1221
痛みが消えていく身体の使い「型」
伊藤和磨

日常動作の「型」を知り、実践し続けることで、慢性痛や不調が消えていく——「伝統＋科学」で正しい姿勢とフォームを身につける。すべての「型」やエクササイズを動画で解説。

978-4-334-04628-6

1222
「友だち」から自由になる
石田光規

「友だち」とはメッセージ性が強すぎる概念だ！　古代ギリシアの時代から「友だち」がいかに変質してきたかを示しつつ、それでもなお成立する友情について探る。現代人のための新しい友人論。

978-4-334-04629-3

光文社新書

1223

アメリカの教会

「キリスト教国家」の歴史と本質

橋爪大三郎

福音派って何? 宗教右派って何?? 数多《あまた》ある宗派、分裂、統合、栄枯盛衰……現代アメリカの「なぜ?」を理解するために、植民地時代から現在に至るまでを丁寧に辿り解きほぐす決定版。

978-4-334-04631-6

1224

死は存在しない

最先端量子科学が示す新たな仮説

田坂広志

死後、我々はどうなるのか。「肉親」と再会できるのか。なぜ、「最先端の科学の知見」と「最古の宗教の直観」が一致するのか。この本を読み終えたとき、あなたの人生が変わる。

978-4-334-04630-9

1225

日本のピアニスト

その軌跡と現在地

本間ひろむ

「ピアニスト」という言葉の響きが放つ魔力――。日本のピアニストたちが歩んできた軌跡を辿りながら、今日、私たちが目にしている「新しいピアニスト像」までを射程に入れて考察。

978-4-334-04632-3

1226

観光立国・日本

ポストコロナ時代の戦略

箱谷真司

外国人訪日客99%減――。インバウンド受け入れの本格再開後、どのように観光産業を再生するか。日本各地を巡りDXやSDGs、観光公害対策など、現場の挑戦と葛藤を追う。

978-4-334-04633-0

1227

新地方論

都市と地方の間で考える

小松理虔

「都市」と「地方」。二項対立ではない視点から改めて地方を10のテーマで考えたときに、見えてくるものとは何か。福島県いわき市を拠点に、多彩な活動を続ける著者の思考と実践の記録。

978-4-334-04634-7